Tiemp

TEZONTLE

JUAN VILLORO

Tiempo transcurrido

CRÓNICAS IMAGINARIAS

FONDO DE CULTURA ECONÓMICA

Primera edición (Biblioteca Joven),   1986
Segunda edición (Colección Popular),   1987
Tercera edición,   2001
Cuarta edición (Tezontle)   2015

Villoro, Juan
   Tiempo transcurrido. Crónicas imaginarias / Juan Villoro ; música de
Diego Herrera. — 4ª ed. — México : FCE, 2015.
   178 p. + 1 dc ; 21 × 14 cm — (Colec. Tezontle)
   ISBN 978-607-16-3332-3

   1. Narrativa 2. Literatura mexicana — Siglo XX I. Herrera, Diego, música II. Ser. III. t.

LC PQ7297   Dewey M863 V759t

Distribución mundial

Diseño de portada: Víctor Rojas

D. R. © 2015, Juan Villoro

D. R. © 1986, Fondo de Cultura Económica
Carretera Picacho-Ajusco, 227; 14738 México, D. F.
Empresa certificada ISO 9001:2008

Comentarios: editorial@fondodeculturaeconomica.com
www.fondodeculturaeconomica.com
Tel. (55) 5227-4672; fax (55) 5227-4694

ISBN 978-607-16-3332-3

Impreso en México • *Printed in Mexico*

A José Agustín

Hemos vivido estos veinte años
¿Tendremos que morir durante
los próximos cincuenta?

DAVID BOWIE

RESCATE TEMPORAL

NADA MÁS COMPLICADO QUE LOS PRINCIPIOS Y LOS FI-
nes. ¿Cuándo empezamos a contar?, ¿cuándo nos
detenemos? Nuestros diez dedos le han dado al
sistema decimal un carácter concluyente; pode-
mos asir el diez y sus múltiplos. Manos sobre el
tiempo: décadas. En México la historia se suele presentar en números redondos: 1810, 1910. Un libro que va de
1968 a 1985 parece un reloj con la carátula resque-
brajada. Gogol sabía de la incomodidad de las cifras
disparejas. Sus sátiras son eficaces, entre otras cosas, por la continua refutación de los números redondos. Los personajes tienen el tiempo justo
para fumar la tercera parte de un cigarro y reco-
rren distancias de diecisiete verstas y media. El

tiempo de este libro transcurre con un desorden similar. Años como vidrios rotos. Las crónicas se inician con el movimiento estudiantil y se detienen antes del terremoto. Los que éramos niños en 1968 vimos la historia desde las banquetas. Las manifestaciones pasaban de largo y se perdían en un impreciso telón de fondo, un paisaje alterado por las balas. Algo parecido sucedió con el rock. A los doce años me enteré de una noticia que me dejó estupefacto: estábamos entrando a la era de Acuario. El rock era tan inquietante y lejano como el movimiento estudiantil. Habíamos llegado tarde a los Grandes Acontecimientos. Debutamos en el kínder mientras Dylan debutaba en el festival de Newport. *Tiempo transcurrido* es una manera de cobrar venganza, de rescatar sucesos no vividos, de inventar el pasado. También es un ejercicio de sustitución, un intento de hacer literatura a partir de la música.

Vale la pena precisar lo que el libro no es. *Tiempo transcurrido* no tiene pretensiones de fresco histórico ni de panorama representativo de una generación. He tratado, simplemente, de imaginar historias a partir de ciertos episodios reales y de un puñado de canciones.

Si el novelista busca la creación de un mundo único, irrepetible, el cronista, en cambio, asimila todo tipo de lugares comunes. Las crónicas imaginarias son una combinación de ambos procedimientos. Como Arlecchino, el personaje de Goldoni, este libro sirve a dos patrones: uno le da órdenes realistas, el otro fantásticas.

Mil novecientos sesenta y ocho fue el punto de partida en la cuenta de los años. Escribí la crónica de 1985 antes del terremoto. La destrucción de la ciudad hizo que esa fecha cobrara otro sentido. Sin embargo, no quise alterar el texto. No puedo pensar en el sismo como asunto literario; desconfío de los que en momentos de peligro tienen más opiniones que miedo.

Pero tampoco puedo seguir acumulando años hasta llegar a un prestigiado múltiplo de diez. Hace tiempo recogí una moneda que sólo compraba las cosas de antes. Agoté su valor en estas crónicas. Como en los teléfonos públicos, ha llegado el momento de buscar otra moneda.

J. V.

Ciudad de México, noviembre de 1985

1968

A Carlos Chimal

DE LOS DOCE A LOS VEINTIDÓS, GUS TUVO DIECISÉIS años. Llegó antes y salió después. Tenía cuatro años cuando sus papás lo dejaron sin otra herencia que las facciones de su cara. El Rambler tutelar se estrelló en el Cañón del Zopilote y él se quedó solo en un mundo donde los refrescos valían cuarentaicinco centavos y el máximo heroísmo consistía en alcanzar la adolescencia. Su única tía en línea directa era Carmita, que odiaba a los niños en la misma medida en que adoraba a Félix Bruno, su *cocker spaniel*, y a Rompope y Muñeca, sus peces dorados. Más que adoptarlo, le dio asilo. Carmita se desvelaba pensando que ahora sí Félix Bruno tenía moquillo. Cada tercer día desinfectaba la pecera con gotas azules. Los hábitos higiénicos y mentales de su sobrino la tenían sin cuidado. Lo aceptaba como algo caído del cielo. Un meteorito familiar.

Carmita siempre había vivido en departamento y estaba harta, de veras harta, de tantas vidas íntimas mezclándose en el elevador y los pasillos. La llegada de Gus le dio pretexto para hacer una pésima inversión: compró el escenario de esta crónica. La casa no era un dúplex, aunque parecía un dúplex. Era la época en que las calles de la Colonia del Valle se casaban entre sí. Imposible pensar que aquellos cubos de concreto no tuvieran lazos de familia. Había una proliferación de condominios horizontales, pintados en tonos dentífricos: clorofila, blanco y rosa tierno. Después de los costosos rectángulos que Miguel Alemán inauguró como obras públicas, la ciudad optaba por una variante más modesta: el cubito. Gus y su tía no tenían dinero para ambientar el suyo y pusieron el burro de planchar en la sala.

Nada más fácil que suponer que en esas construcciones estilo Bauhaus supertardío reinaba la homogeneidad. Sin embargo, en San Borja 36, justo frente a la casa de Gus, vivían los integrantes de un conjunto absolutamente merecedor de su nombre: Fusifingus Pop.

La calle de San Borja era la favorita de Gus por dos razones: se apellidaba como el goleador del momento y le permitía espiar al conjunto. Para entonces ya tenía once años y patinaba dos veces a la semana en la pista de hielo Insurgentes. Algún genio de los negocios había decidido reunir dos diversiones exóticas: el patinaje y el rock. La música era aún más novedosa en aquel escenario inverosímil. Gus patinaba con furor escandinavo mientras oía las impecables imitaciones de Fusifingus Pop. Lo único que competía con su pasión por las afiladas hojas de los patines era buscar ovnis en el cielo. Estaba de moda tener un primo que había visto una ostra cromada sobrevolando el bosque del Ajusco. Los amigos de Gus caminaban con la nariz hacia Alfa Centauri.

Gus nació en año bisiesto y el 29 de febrero de 1968 cumplió doce años, bajo el vetusto signo de Piscis. Como la tía Carmita seguía sin recuperarse de la compra de la casa, le dio un regalo que más parecía un donativo: doce canicas. Las estaba estrenando con sus amigos cuando se abrió la puerta de San Borja 36. Alonso, requinto de Fusifingus Pop, apareció en el umbral. Para verlo de frente era recomendable ser daltónico. Tal vez porque Gus fue el único que no parpadeó al ver sus ropas multicolores, Alonso se dirigió a él. Le ofreció algo que parecía irreal en esa edad recién cumplida: trabajo. Diez pesos diarios por acompañarlo.

—¿Acompañarte a qué?

—Nomás.

—¿Sin hacer nada?

—Ey, no puedo estar solo.

A Carmita le dio tanto gusto que unos pesos extra ingresaran a la caja familiar, que no tuvo tiempo de pensar en ese peligro con nombre de conjunto de rock: las Malas Influencias. Los adultos miraban con desconfianza a Fusifingus Pop. Sin embargo, en el mundo de los menores, lleno de mitologías instantáneas —el remate de tijera, la canción de la semana, muslos y ovnis apenas atisbados—, Gus se convirtió en el héroe del momento. A tal grado, que Italia, la niña más codiciada de la cuadra, se enamoró de él. Italia, que atendía la miscelánea donde Gus gastaba la mayor parte de su salario, tenía el prestigio de su nombre y de su tienda. Era altiva, orgullosa, casi extranjera. Le hablaba de usted a los clientes. Estaba del otro lado de las mercancías; gobernaba los chicles Canguro de cinco centavos, los Motitas de diez, las Chaparritas de cuarenta.

La verdad es que a él le gustaban más las grupis de Alonso, los cuerpos olorosos a pachulí, bruñidos de tanto asolearse en la azotea. Sin embargo, nada fue tan extraordinario como descubrir que la presumida de Italia lo quería. Sus amigos le enseñaron un cuaderno de forma francesa en el que ella había escrito "Gustavo" dentro de un robusto corazón. La miscelánea fue en su infancia lo que el teatro en Grecia: los asuntos públicos se dirimían en el formidable escenario de las golosinas. Gus se tuvo que declarar enfrente de sus amigos.

Italia, acostumbrada a que admiraran su pelo castaño y sus ojos de almendra, dejó la respuesta en suspenso.

—Lo voy a pensar —contestó. El pelo le caía sobre la frente y ella lo apartó con un soplido. A Gus le fascinó el desdén con que administraba sus sentimientos.

Le dijo que sí a los pocos días y se convirtió en la primera persona en llamarlo Gustavo. Con las letras adicionales le regaló cuatro años. Los dos crecieron de prisa: Italia pasaba entre las niñas que jugaban *avión* como un flamingo entre las tortugas, Gus cruzaba la calle como Mercurio, el mensajero de los dioses del alto volumen. Esta época de iniciaciones se vio interrumpida por la primera enfermedad amorosa de Gus: Italia le contagió una severa amigdalitis. Lo tuvieron que operar de las anginas. Los cuatro mil quinientos besos de Italia se resumieron en esa dolorosa extirpación. Su tía lo cuidó como al *cocker spaniel*. La recámara olía a jarabes y a miel.

Cuando regresó a la escuela se enteró de un juego que había sustituido al de policías y ladrones: policías y estudiantes. Sus amigos le dieron versiones contradictorias de lo que pasó mientras estuvo en el hospital. Alguien decía que los rusos se habían "infiltrado" (Gus pensó en un gigantesco colador de café) en México, otro aseguraba que los estudiantes querían "boicotear" (la palabra "boicot" le sonaba a choque de trenes) las Olimpiadas; todos se burlaban de la boca del presidente: no había chiste que no tuviera que ver con esa bemba inconmensurable. Ser tocayo del presidente se convirtió en un defecto: sus amigos se burlaban de los mismísimos labios que había besado Italia. Ella le empezó a decir Gus.

Le costaba trabajo entender que la policía matara estudiantes para salvar al país de los rusos. Empezó a tener una pesadilla donde la policía asesinaba a sus conjuntos favoritos. Le pidió a Alonso que le "hablara del gobierno", pero el requinto estaba demasiado ocupado en sus problemas: la pista de hielo Insurgentes había sido cerrada para convertirse en escenario de la lucha olímpica. El óvalo de hielo se derretía para ceder su sitio a colchonetas olorosas a talco.

Fusifingus Pop se fue a buscar trabajo a otro lado. Gus los vio partir en una camioneta de mudanzas, el piano resonando cada que caían en un bache. Tomaron rumbo al norte, tal vez a la colonia Lindavista, a Tijuana, a California.

A los pocos días de la desaparición de Alonso, Italia se fue a vivir a Echegaray, que entonces era como irse a la India. No la volvió a ver. Las pérdidas de Alonso y de Italia le dolieron como una nueva extirpación de amígdalas.

Sólo las Olimpiadas lograron devolverlo a la normalidad. Se entusiasmó con los saltos de altura del norteamericano Fosbury, que patentó el estilo de brincar de espaldas. Veía los zapatos de Fosbury suspendidos en el aire, uno azul y otro blanco, y luego imitaba las piruetas en la cama. Después de las Olimpiadas se dedicó a entrenar en serio. Durante una década su ambición vital fue superar en un centímetro al acrobático Ruy Camacho.

Gus saltó en busca de aquel esquivo centímetro hasta una tarde en que salió del CDOM con su mochila al hombro y fue asaltado por un grupo... tenía que reconocerlo... de niños. Un atleta de 1.83 m de estatura, recién bañado, los músculos firmes y las mejillas rosadas, de pronto se vio rodeado por niños andrajosos, una profusión de suéteres grises y raídos, pelos resecos por el polvo, manos pequeñas y llenas de arrugas. Le pidieron dinero y no esperaron su respuesta. De entre el grupo surgió un niño que parecía una mujer gorda. Tenía un bat en la mano. Gus estaba tan sorprendido que no pudo esquivar el golpe. Cayó al suelo con la rodilla quebrada. Le quitaron la cartera y la mochila con sus tenis de dos colores.

Cuatro operaciones de los meniscos acabaron con sus ilusiones de superar a Ruy Camacho. También lo sacaron de la adolescencia.

Como todas las heridas, la suya tiene una poderosa cualidad mnemotécnica. Ahora, cada vez que se agacha, Gus recuerda el golpe y luego se sume en un mundo prolijo donde todos los mazapanes cuestan cincuenta centavos y Procol Harum sigue en primer lugar del *hit parade*. Su memoria es tan singular como el olvido de los otros.

Como Ismael después del naufragio, Gus se siente obligado a pensar en las cosas que sucedieron exclusivamente para que alguien se acordara de ellas. Los demás también parecen exigirle esta tarea. La gente lo asedia, le pregunta con ansiedad datos que por alguna razón se han vuelto importantes en sus vidas. Él contesta con el aire distraído de quien da la hora, y saca su bloc de recibos.

El barrio es ahora muy distinto: las palmeras de Eugenia fueron rebanadas, Ángel Urraza se convirtió en una ignominiosa vía rápida, Adolfo Prieto cambió de sentido. Gus, por su parte, transformó el falso dúplex en un negocio digno del Club de Profesiones Extrañas. No le va nada mal, y la destrucción de la ciudad hace pensar que pronto le irá mejor. Cada vez son más los compradores de memoria.

1969

Los granaderos no quisieron presentar examen para entrar a la preparatoria. Ellos usaron su propio método: el bazucazo que convirtió la puerta colonial en una nube de aserrín.

La policía justificó el ataque con razones estratégicas: la Prepa 1 era un "foco de sedición"; los estudiantes, en vez de ideales académicos, acariciaban ametralladoras soviéticas.

En 1968 los periodistas, transformados en inmunólogos, describían la revuelta estudiantil como un virus que atacaba el rosado y saludable cuerpo social. ¿De dónde salió aquel microbio?, ¿dónde estaban los antídotos, dónde los glóbulos blancos? Alguien hizo comparaciones con la Europa del siglo xiv devastada por la peste, la Muerte Negra, el enemigo invisible. Entonces se había recurrido a un dramático conjuro: quemar brujas. Las mujeres ardieron en llamas ejemplares. Y la peste siguió su danza macabra. La puerta de la preparatoria explotó en una galaxia de astillas. Y la epidemia siguió creciendo.

Tomás era un alumno irregular; confiaba en el recurso del *acordeón* y en que Carolina Fuentes le soplara los datos cruciales en los exámenes. Ese día sólo fue a la preparatoria para conectar mariguana. La transacción se llevó a cabo en los baños. El material estaba tan bueno que dos toques bastaron para oír que los orines crepitaban como fulminantes. Salió al patio y sus pupilas vacilaron frente a los murales; nunca había visto nada tan psicodélico: una selva colorida que de pronto tembló con gritos y explosiones. Tomás vio con retardada precisión las macanas que destrozaban quijadas y costillas. También él fue jaloneado. Cayó al piso, recibió una patada, perdió la mariguana. Después lo pusieron contra la pared, con los pantalones en los tobillos y las manos en alto. De reojo, alcanzó a distinguir el brillo asesino que se aproximaba, las tijeras que entraban en su pelo y subían hasta la coronilla con su atroz siseo, destruyendo una cabellera legendaria, años y años de champú de jojoba y de cepillarse cada vez que un avión surcaba el cielo. En la preparatoria los granaderos se encontraron con los inquietantes paisajes en las paredes. Aparte de los murales, todo estaba en paz.

Tomás pasó tres días en los separos policiacos. Al salir no dudó en unirse a la manifestación silenciosa. Ahí se encontró al Champiñón, un amigo al que daba por perdido en la sierra de Oaxaca. El Champiñón le habló en voz baja de las montañas de luz y los acantilados de aire. Al cabo de un kilómetro sus murmullos eran tan insoportables que Tomás le dijo que sí, que se iría con él a Huautla.

Mantuvo su promesa por una sencilla razón: el miedo. La represión se volvía cada vez más brutal y una bayoneta podía hacer que sus entrañas corrieran la misma suerte que su pelo. Además se quería enfrentar con los dioses dorados de Grateful Dead, Jefferson Airplane y Quicksilver Messenger Service, abrir de sopetón las puertas del paraíso, conocer la meseta donde el aire sopla en cuatro direcciones y el desfiladero donde la lluvia asciende al cielo.

Estuvo en Huautla hasta fin de año. El Champiñón hizo honor a su apodo y le preparó mezclas de hongos alucinantes, *derrumbes* y *pajaritos* que al principio Tomás rociaba con miel. Después aprendió a disfrutar del jugo ácido que le teñía la lengua de azul. En un instante privilegiado todo se trastocaba y confundía: Tomás escuchaba la tierra húmeda, olía las nervaduras rojizas en las hojas de los árboles, palpaba el cielo amplio después de las lluvias. Oía colores que eran voces que paladeaba.

El instante de percepciones múltiples se prolongó hasta el 31 de diciembre, cuando una gringa que había llegado a la sierra siguiendo a unos desertores de la guerra de Vietnam les leyó el tarot en espanglish. Lo único que sacaron en claro era que la onda se estaba poniendo gruesa, karma del más espeso, y que lo más sensato era regresar al altiplano.

Su pecosa Casandra les predijo que en la ciudad reunirían energías dispersas. Y en efecto, a las pocas semanas se encontraron con otros amigos que también habían estado fuera: Fede venía de una comuna en California, Ariel de un kibutz y Juan de un campamento *boy scout* en Camomila. El movimiento estudiantil había sido liquidado.

Tomás y sus amigos no podían pensar en volver a clases como si nada hubiera sucedido.

Los toques circularon hasta que el plan estuvo listo: Fede conseguiría que su tío les prestara una granja en la Huasteca veracruzana; convencerían a sus amigas más liberadas de que los acompañaran. Esto último no fue tan fácil. Sara, la novia de Ariel, tenía unos papás que difícilmente la dejarían irse con una pandilla de *goys*. Maricruz y Yolanda, las novias de Juan y Fede, detestaban a Érika, que no era novia de nadie, se apuntó para ir y estaba buenísima. Tomás y el Champiñón buscaban mujeres de emergencia. Finalmente, en una fiesta en un frontón de San Ángel, conocieron a las gemelas Martínez, que olían a incienso de zarzamora y sólo se distinguían por el tatuaje que Gloria (minuto y medio mayor que Glenora) tenía en el antebrazo: un monograma en escritura celta.

La granja resultó ser una cabaña con techo de paja que se inundaba cada vez que el río Pánuco crecía. El Champiñón ideó un ritual antilluvia y Juan los puso a trabajar en un dique. Los lugareños miraban con desconfianza a esos vecinos de zapatos tenis que pintaban de colores los troncos de los árboles.

La coexistencia entre seis mujeres y cinco hombres no fue fácil, sobre todo porque la que sobraba era Érika y todos querían con ella. Pero el trópico y las exigencias de cinco galanes le hicieron mal. Al cabo de unas semanas era una belleza deshidratada; las gemelas Martínez, en cambio, florecieron como orquídeas de invernadero. Tostadas, alegres, tibiecitas, Gloria y Glenora se convirtieron en objetos de codicia.

Tomás se había impuesto un código alivianado que consistía, principalmente, en no segregar a Sara. Todas las religiones partían de un mismo punto de energía. Había que derrumbar barreras. Así, Tomás pasó los cuatro lados de *Blonde on Blonde* elogiando judíos. Aunque él pensaba en Einstein y en Bob Dylan (*né* Zimmerman), Sara se sintió poderosamente aludida: canceló los elogios de Tomás besándolo enfrente de todo mundo. Ariel los insultó y ya estaba a punto de lanzarse sobre Tomás cuando el Champiñón puso *All You Need Is Love* a todo volumen. Las bocinas se cuartearon a los pocos segundos. Nadie criticó al Champiñón: su intención había sido *yin*, y Juan trató, infructuosamente, de reparar el resultado *yang*. Sin tocadiscos, la Huasteca les pareció una región de verdura insoportable. Después del pleito con Sara y Tomás, Ariel se dedicó a trabajar con frenesí. Se asignaba tareas dignas de un cebú tabasqueño. Juan y Fede lo ayudaban ocasionalmente; el Champiñón pasaba el día bajo una palma, abrumado por problemas trascendentales; las gemelas se asoleaban desnudas y nadie pretendía que hicieran otra cosa; Yolanda se encariñó con una cabra y se dedicaba a darle besitos en la trompa; Tomás y Sara hacían excursiones de las que regresaban tan contentos que no les importaba haber sido devorados por los mosquitos; Maricruz intrigaba de tiempo completo.

Los esfuerzos de Ariel no bastaron para producir una buena cosecha. La situación se volvió crítica: no tenían tocadiscos ni comida. Y pronto sucedió algo peor: un grupo de campesinos traspasó el letrero escrito por Tomás: "Aquí empieza la quinta dimensión". Ariel habló con ellos y se enteró de que la quinta dimensión estaba en terrenos ejidales. Los campesinos llevaban machetes y azadones para recuperar sus tierras, pero no encontraron resistencia.

31

Los comuneros regresaron a la ciudad en el primer Flecha Verde. Por la ventana trasera recogieron una última imagen del trópico: niños desnudos en medio de la carretera, cáscaras de mameyes, una nube de polvo rosado. Al llegar a su casa, Tomás se puso al corriente de las noticias. Su hermano menor había colgado en la pared fotos de los astronautas saltando en la superficie lunar y de la primera huella de Neil Armstrong (que informaba a las inteligencias extraterrestres que los humanos calzaban del 36). Las novedades locales eran menos espectaculares: un metro anaranjado recorría la ciudad y todos los números telefónicos empezaban con 5.

Después de tanto tiempo de vivir juntos acabaron creyendo las intrigas de Maricruz. Tomás ya sólo veía a Sara.

La siguiente reunión del grupo fue por demás trágica: el Champiñón quiso volar en pleno viaje de LSD y se tiró a la avenida Revolución desde un doceavo piso. Se encontraron en Gayosso.

Tomás, Juan y Fede se encerraron en los baños de la funeraria para darse un toque. Fede les contó que su tío había recuperado la granja en la Huasteca.

El ejército hizo mierda a los campesinos. Tomás recordó el asalto a la preparatoria. Tiró la colilla en el excusado. Jaló. Esperó unos segundos y volvió a jalar, con mayor urgencia. La colilla siguió girando en espiral. Al finalizar el año seguía decidido a no estudiar.

Era incapaz de regresar a un mundo de nubarrones algebraicos. Hacía mucho que sus papás no le daban dinero, así es que o conseguía trabajo o jamás salvaría la distancia que lo separaba del último disco de Captain Beefheart. Después de tratar a tantos desertores norteamericanos en la sierra, tenía un mediano conocimiento del inglés. Sara lo escuchaba imitar la voz grave de Frank Zappa hasta que le encontró futuro profesional: un trabajo de recepcionista en el hotel María Isabel.

Tomás aceptó aquel modesto acto de justicia: de la comunicación trascendental pasó a las llamadas telefónicas. Se sonrió al recordar aquel letrero: "Aquí empieza la quinta dimensión". Después marcó un número de teléfono: 5...

1970

CUANDO EL HALCÓN PEÑA COBRÓ EL PENALTI QUE NO pudo detener aquel portero de shorts negros y sudadera roja, México venció a Bélgica y Joaquín supo que había encontrado una afición capaz de sustituir al rock.

Se pasó toda la tarde en Insurgentes, viendo a los fanáticos que se habían encaramado en los techos de los tranvías para gritar porras a la selección nacional y al árbitro argentino que se atrevió a silbar la pena máxima en el momento decisivo. En medio de las turbulencias del Mundial, de la salvada sobre la raya de gol del Kalimán Guzmán y la zurda diabólica de Luigi Riva, Joaquín se fue olvidando de cosas tan importantes como la letra de *Groovin' Is Easy*.

Hasta entonces, Joaquín había sido de los pocos mexicanos enterados de que el primer álbum doble de la historia del rock era *Freak Out!*, de Frank Zappa, de que Mick Jagger tenía un estilo tan especial porque se lastimó la lengua haciendo lagartijas en la clase de gimnasia, de que John Entwistle rompió las cuerdas de tres bajos de tanto *feeling* desplegado en la grabación de *My Generation*. Él fue de los visionarios que descubrieron que el futuro estaba en el pelo y pasó antes que nadie del "casquete corto" al "casquete largo desvanecido" y de ahí a la greña loca. Sus papás tuvieron que tolerar la decoración de su cuarto en el departamento de la colonia Narvarte: luz roja en el techo y luz negra sobre el marco de la puerta, tocadiscos en el piso, pósters fosforescentes, un cojín de estambre con la bandera de Inglaterra, una botella de Coca-Cola alargada y retorcida de la que salían flores de papel, botellitas de pachulí en el buró, campanas tintineando en la perilla de la puerta, una pipa de agua en el escritorio y tres varitas de incienso que lanzaban un humo color de rosa desde la cima del televisor.

Para Joaquín el rock era un artículo de fe; *creía* en cada una de las palabras de esa música que se desparramaba por todas partes desde 1963, el año mágico en que los Beatles conquistaron EUA con *I Wanna Hold Your Hand*.

Pero en México el rock sólo existía fugazmente y a precios prohibitivos. Una asociación de beneficencia contrató a los Animals para actuar en el teatro Metropólitan: cien pesos los boletos de arriba y doscientos los de abajo. Los Doors tocaron en el cabaret Forum ante un público elegante y ebrio. Sólo los que se daban el lujo de patrocinar a los damnificados o de consumir una fila india de martinis habían podido disfrutar del rock.

"No importa lo que digan nuestras canciones, todas significan lo mismo: sean libres", dijo la cantante Grace Slick, y Joaquín pensó que liberarse en México era irse a Estados Unidos. Algún día iba a tomar ácido en las bronceadas playas de California; lo haría *correctamente*, evitando las ondas rebotadas, buscándose a sí mismo, girando la perilla de la Otra Realidad.

Tanto planeaba su viaje que a veces le parecía que ya había regresado. Estudiaba un mapa de San Francisco como si fuera a comandar un ataque contra la ciudad. En México se hubiera perdido en colonias como la Pantitlán o la Jardín Balbuena. Ciudad Nezahualcóyotl, de la que se empezaba a hablar con alarma, le parecía un límite impreciso, el *finis terrae* de la capital.

En eso estaba cuando llegó el Movimiento del 68. Muchos de sus amigos dejaron el rock y la mariguana para enrolarse en la brigada Ho Chi Minh.

—El rock te enajena, te *evade* de la realidad —le decían sus cuates, todos en coro, como si fueran Hugo, Paco y Luis politizados en una célula del PC. Pero él sabía que la liberación estaba en la mente.

Después de la masacre de Tlatelolco confirmó que México sólo proporcionaba una salida: el escape al extranjero, al vasto país del norte donde los jipis tiraban flores sobre los tanques de guerra y las minifaldas dejaban ver esos muslos cubiertos de diminutos vellos rubios.

Cada 10 de mayo Joaquín celebraba el Día de las Madres de la Invención, pero quiso una patriótica casualidad que su vida cambiara un 15 de septiembre. Conoció a Lucila en la tienda de discos Yoko. Sus ojos eran de un azul profundo; cuando fumaba mariguana se veían violáceos. Culminaron esa noche republicana sobre la colcha *op* de Joaquín (el tocadiscos siempre estaba a tal volumen que hubiera podido tener a los hermanos Marx en su recámara sin que sus papás se enteraran).

Joaquín le hablaba a Lucila de los artistas que vivían en botes en Sausalito, más allá del Golden Gate, de los conjuntos que tocaban en el barrio de Haight-Ashbury, de los alucinados con los que uno se topaba al bajar la bahía rumbo a la Universidad de Stanford, gente prendida, iluminada. Lucila lo oía con devoción. Los relatos de Joaquín eran noticias de trinchera, candentes comunicados de alguien que acababa de llegar del frente.

Ya había empezado a descolgar los pósters de su cuarto (temía que su papá los incinerara en su ausencia), cuando supo que los Rolling Stones habían contratado a la pandilla de los Hell's Angels para mantener el orden en el festival de Altamont y así ocasionaron una cacería de militantes de los Black Panthers. Mientras Mick Jagger cantaba *Street Fighting Man*, los Ángeles del Infierno hacían que un negro tragara el polvo; mientras Jagger sonreía para las cámaras japonesas de la prensa, un negro agonizaba.

El panorama siguió variando a cientocincuenta kilómetros por hora. El festival de Woodstock derritió 450 000 almas en una sola masa de energía, pero en los camerinos la historia fue distinta, al menos para John Entwistle, quien descubrió a tiempo que su jugo de naranja había sido alterado con una dosis de ácido capaz de hacer flotar a un rinoceronte; Brian Jones murió ahogado en la alberca de su casa; Elton John y Alice Cooper convirtieron los himnos de una generación en piezas de cabaret; los Hollies, los Lovin' Spoonful, los Byrds, los Animals y los Young Rascals quedaron fuera del circuito; Grateful Dead y Steve Miller siguieron en el camino, pero faltos de vitalidad, como si llegaran a tocar después de viajar toda la noche en un vagón de tercera clase; Jimi Hendrix se inyectó heroína en la cabeza y Janis Joplin murió con catorce marcas de aguja en el antebrazo; muchos desertores de la guerra de Vietnam buscaron su salvación en México, como antes lo habían hecho los masajistas de la mente Ken Kesey y Timothy Leary, máximos promotores del LSD.

—¡No es posible! —gritó Joaquín al enterarse del eslogan de los fugitivos del sueño americano: "Dios está sano y salvo en la ciudad de México".

Joaquín fumaba más que nunca y lanzaba las

tres moneditas del *I Ching* esperando una explicación del resquebrajamiento de la nueva cultura. Y todavía faltaba lo peor: él creía que la estabilidad de los Beatles era la misma de un Brabham Fórmula 1. Cuando supo que el cuarteto se había SEPARADO PARA SIEMPRE, puso un anuncio en el Aviso Oportuno de *El Universal* y la gente llegó a su departamento en la calle de Petén a llevarse discos a precios regalados. También vendió sus collares de chaquira y la placa de Carnaby Street que tenía en la pared. Por primera vez en años permitió que alguien le cortara el pelo *como fuera*, empezó a dejar la mariguana, entró a estudiar administración y se volvió fanático del futbol.

Lucila hubiera tenido que ser un camaleón para aceptar tantos cambios. Cuando vio a Joaquín con pelo corto, descubrió que tenía cara de fuchi. Lo cambió por un astrólogo con patillas en forma de chuleta.

En 1971 Joaquín se enteró de la muerte de Jim Morrison en un hotel de París y del accidente de motocicleta de Duane Allman. Nuevamente se sintió traicionado.

Poco a poco se acostumbró a pensar que la música era un entretenimiento y nada más. Le compró a su esposa el sencillo de *Gavilán o paloma* y a sus hijos un *long play* de Cepillín.

Para él, la música ha dejado de existir, exceptuando, claro está, las ocasiones en que manipula la calculadora eléctrica para ver cómo le afectará a su empresa el impuesto al valor agregado y se sorprende tarareando *I can get no... satisfaction... no-no-no.*

1971

MÓNICA SE SENTÓ EN LA BANQUETA, TIRITANDO DE frío a pesar de la ruana que llevaba puesta, mientras Lalo acababa la pinta. En una esquina aparecieron dos uniformados, con las manos dentro de las chamarras, enseñando los dientes de oro al reírse detrás de pequeñas nubes de vaho. Pero Lalo terminó a tiempo y los policías no pudieron descubrir a los autores de esa leyenda color petróleo: La-música-es-un-arma-de-la-revolución.

La conversión política de Mónica se había iniciado con la lectura de *Los agachados,* de Rius, donde aprendió que Hegel usaba la misma dialéctica que Marx (¡sólo que de cabeza!) y que no era lo mismo hablar de clase en sí que de clase para sí. A partir de entonces se zambulló en todos los signos izquierdistas a su alcance y avanzó con poderosa brazada de *crawl:* pronto tuvo una respetable colección de pósters de héroes de la revolución y una pequeña biblioteca (instalada en un huacal) con libros como *Cursos de filosofía,* de Georges Politzer; *Conceptos elementales del materialismo histórico,* de Marta Harnecker, y el *Libro rojo* de Mao (que curiosamente formaba parte de las ofertas de los supermercados). Pero no todo eran libros en la concientización de Mónica. Ella se sentía marcada por la "experiencia" del 68 (aunque sólo se hubiera enterado de los pormenores tres años después, con el libro de Elena Poniatowska) y el descubrimiento de los Halcones que entrenaban karate en el Campo Militar Número 1.

Sin embargo, este bagaje teórico-práctico no le hubiera servido de mucho sin un estímulo emocional.

Lalo, que parecía adivinar los titubeos de Mónica, le dijo que fueran a una "peña". Ella jamás había oído hablar de algo semejante, pero cuando se enteró de que en Chile había muchas, se animó a ir a ese lugar oscuro, amueblado con sillas y mesas tan pequeñas que parecían haber pertenecido a un kindergarten, y donde todo mundo usaba huaraches, pantalones de mezclilla, morrales y camisas de Oaxaca.

Para Mónica, la música cantada en español era la de los boleros y los corridos, así es que se sorprendió al escuchar esas canciones que nunca pasaban en la radio. Sin embargo, su sorpresa fue negativa. Se deprimió mucho con las letras que hablaban de derrotas y sufrimientos y miró asqueada el charango hecho con un caparazón de armadillo que conservaba los pelos del animal. No se atrevió a decirle nada a Lalo porque él escuchaba con gran respeto, casi en trance místico. De cualquier manera, 1971 acabó siendo el año de las peñas. "Escuchar música latinoamericana es cuestión de costumbre", pensó Mónica, y recordó que en un principio tampoco le habían gustado las manitas de cerdo en vinagre.

Fue entonces que se realizó el festival de Avándaro y a ella le pareció grotesco que tantos jipitecas se reunieran como tenochcas esperando el retorno de Quetzalcóatl.

Mónica se familiarizó con el lenguaje de Lalo, que había estado en círculos de estudio y en un seminario sobre *El capital,* y calificó al rock de "penetración cultural imperialista" y de "instrumento del sistema". Ya no se preocupó por adelgazar porque eso era un "sentimiento pequeñoburgués". Aprendió a tocar guitarra (sus piezas más elaboradas: *Hemos dicho basta* y *Morir a los diecisiete*). Rechazó a Paco Ibáñez y a Joan Manuel Serrat porque ya se habían aburguesado. Se volvió fanática de los nuevos cantantes cubanos, sin importarle que cantaran como si tuvieran la nariz devastada por la sinusitis.

Cuando tuvo que elegir una carrera escogió la de los marxistas: Sociología. En las vacaciones trató de leer *El capital*, empezando por el capítulo XXIV del tomo I, tal y como Lalo le había aconsejado, pero no entendió más que las palabras que ella misma usaba cuando iba a un café a comer pastel de moka y a hablar de los medios de producción.

Poco a poco fue depurando sus gustos musicales. Dejó de escuchar a Óscar Chávez, Los Folkloristas, Chava Flores, Atahualpa Yupanqui y Facundo Cabral, porque en realidad no tenían una posición política bien definida.

El día en que la reprobaron en Teoría Sociológica 1, descubrió que la educación estaba organizada de acuerdo con los intereses de la clase dominante.

Lalo terminó la carrera tres años antes que Mónica. Como sus actividades de izquierdista-sin-partido (ya que ninguno era estrictamente marxista-leninista) fueron tan notorias, pronto recibió una oferta para trabajar en la Conasupo. Al cabo de un tiempo se burlaba del romanticismo revolucionario y sus palabras favoritas empezaron a ser "consenso" y "equilibrio".

En 1973 la inmigración chilena le proporcionó a Mónica algo que diversos observadores calificaron de milagro: un novio. Se hablaban de usted, según las cariñosas tradiciones araucanas. Mónica consiguió trabajo atendiendo una librería feminista y rentó un departamento. El chileno se fue a vivir con ella. Contrataron una sirvienta a la que llamaban "empleada". Y este no era el único eufemismo: Mónica le decía al chileno "compañero" y a las granadas de masa que arrojaba sobre el comal, "empanadas".

Cuando una hiena capitalista compró la librería, Mónica fue despedida y el chileno, al que la Junta le había quemado no sólo un presunto doctorado en economía, sino también los escrúpulos, se fue a vivir con una cajera de Sumesa.

Lalo acusó al chileno de arribista, trepador,

¡social climber! Ella no quiso saber nada más del renegado Lalo. Terminó la carrera con promedio de 6.2 y se volvió especialista en Sociología de la Música. De ahora en adelante denunciaría el peligro de usar instrumentos eléctricos fabricados con tecnología extranjera.

Varios militantes del PCM y del PMT la acusaron de dogmática. Entonces se dio cuenta de que esos partidos se habían vuelto "aperturos", "reformistas", "eurocomunistas".

A ocho años de distancia de aquella barda ilustrada con La-música-es-un-arma-de-la-revolución, Mónica fue invitada a presentar una ponencia sobre "arte militante". En eso estaba cuando se enteró de que Pablo Milanés había grabado un disco para la transnacional PolyGram y tuvo que tachar con un plumón los elogios que había hecho de él.

Revisó sus fichas de las *Obras escogidas* en busca de una frase que demostrara que el artista debía hacer patente su compromiso político en cada una de sus obras. No encontró nada por el estilo. Sus dedos volvieron a pasar sobre las tarjetas, desde "acumulación originaria" hasta "valor de uso".

Mónica se mordió la lengua y sus ojos miraron absortos el charango en la pared. ¿Cómo explicar esa omisión? ¿Era posible que Marx le escamoteara la cita decisiva? Ahora tendría que dedicarse a una tarea que nunca había considerado necesaria: leer las *Obras completas*. Ya no se podía fiar de las antologías ni de las ediciones de bolsillo.

Empezó a leer en ese mismo momento, con rabia, casi con inquina. Sus dedos volteaban las hojas con rapidez, como si quisieran sacudirles un contenido adicional.

—¡Pinche reformista! —decía Mónica, y seguía adelante.

1972

El Gato nació bajo el único signo inorgánico del zodiaco: La Balanza.

Libra, regido por el planeta Venus, hizo que el Gato resultara exagerado, fácil de influir, con un gusto especial por las cosas de moda y las vanguardias y siempre dispuesto a asumir posturas eclécticas. Una línea roja en su esquema zodiacal indicaba que el Sol estaba en Los Peces, signo inestable, gobernado por el planeta Júpiter, que también aparecía en la novena casa, fomentando interés por la religión, la filosofía, los viajes al mar y los sueños. La Luna, por su parte, se había instalado en Tauro, un signo que brinda fuerza de carácter y apego a la realidad. Sí: la actitud de los astros hacia el Gato parecía ambigua, improvisada.

En las noches le daba por recordar su esquema. Se tendía en la playa y sus ojos apuntaban hacia los miles de puntitos dorados en el cielo, mientras su espalda sentía las cosquillas de miles de granitos de arena. Su cuerpo estaba ahí, en medio del sándwich cósmico.

Muchos de sus amigos le habían hablado de las maravillosas playas del Pacífico, de los pueblos de pescadores que eran la única alternativa a la locura de la ciudad de México. Finalmente, el Gato fue por su cuenta a ese paraíso de 40° a la sombra.

Tanto había oído hablar de las cinco lagunas de Chacahua que se fundían con el mítico azul del Pacífico que cuando llegó, su percepción fue más narrada que vivida. No se dio cuenta de los marranitos que los lugareños llamaban "cuches", olvidó los seis puestos militares donde buscaron armas en su equipaje (había brotes guerrilleros en la costa), ignoró los huesos de mango sobre la arena y el aparato de transistores sintonizado en Radio Acá, música tropical desde Acapulco. Sólo se fijó en las puestas de sol, en el mar recibiendo el fuego hinchado, en el sabor de las frutas maduras, en la cortesía de la gente, en el karma instantáneo de todas las cosas.

El Gato se aventuraba entre los manglares; de repente se encontraba en medio de configuraciones casi abstractas, de lianas y troncos que eran los garabatos mágicos, la prodigiosa obra de una criatura superior. Antes de dormir se daba un toque. Cerraba los ojos y se mecía en la hamaca. Su cuerpo conservaba el calor del sol. El Gato resplandecía bajo la noche tropical.

Por las mañanas se untaba aceite de coco y se asoleaba en posición de Chac-mool, la quinta dirección vertical según los mayas, la postura exacta para establecer contacto entre los dos ombligos, el humano y el divino.

Se sentía un continuador de la hégira de los *beatniks;* estaba dentro del mito, de la esperanza compartida por su generación; todo era armónico, el mundo diez minutos antes del retorno del Maitreya Buda. El Gato *leía* la naturaleza a medida que se internaba en lo verde.

No le costó trabajo relacionarse con la gente de Chacahua. En un principio se sintió un poco fuera de lugar, demasiado escuálido entre esos pescadores que parecían atletas de pentatlón, pero pronto se adaptó a su forma de vida, sobre todo porque los lugareños cultivaban mariguana de la mejor calidad, oían casetes de Pink Floyd y pintaban mandalas multicolores.

La gente de la ciudad había ido ahí a cambiar de vida y lo que hizo fue cambiar la vida de Chacahua. "Por suerte", pensaba el Gato, que se sentía incapaz de convivir con los aborígenes como un héroe de Conrad.

Y fue precisamente en esa apartada lengua de arena donde se enteró de que ya no bastaban las orejas para oír música: hacían falta audífonos. Cinco gringos llegaron en un Land Rover cargados de tiendas de campaña, repelentes contra insectos y excusados portátiles. También tenían una grabadora que parecía hecha en la NASA. Wendy, una gringa con aterradores flecos pelirrojos en las axilas, le puso cintas recientes: rock progresivo poblado de trucos sonoros tan sutiles que sólo se captaban con los mullidos colchoncitos bien prendidos a las orejas. En las noches los gringos jugaban con un *frisbee* fosforescente y el Gato se cubría de capas de sonido: los poderosos melotrones de King Crimson que hubieran dejado sin luz a una ciudad como Acapulco, Tangerine Dream en pos de la música de los planetas, Emerson, Lake &

Palmer demostrando lo que los ángeles harían si tuvieran sintetizadores. En los casets la magia giraba al lado de la ciencia; no se podía interpretar esa música sin la voluntad de rozar lo trascendente con la punta de los dedos y sin la técnica para manipular aquella miscelánea electrónica. La música dependía de las innovaciones tecnológicas, y las letras, de los sueños, las religiones, los mitos. El sonido iba hacia el futuro y el mensaje hacia el pasado. Esto fue lo que terminó cautivando al Gato. La fusión que había buscado en Chacahua cobraba cuerpo en el sincretismo musical del rock progresivo.

El Gato leía las letras sobre el "corazón del amanecer" y el "escrutador de los cielos" con la curiosidad de quien está en la madrugada del mundo.

Wendy llevaba otro talismán de los tempranos años setenta: una calculadora que le ayudaba a definir esquemas zodiacales. Le aseguró al Gato que no era ascendiente Piscis, sino Aries, es decir, que sólo era indeciso por desinformación.

Mientras los otros gringos se iban a pescar en una lancha que inflaban con la rapidez con que se le cambian las ruedas a un coche de carreras, el

Gato se quedaba a contarle las pecas a Wendy. Fiel al voluntarioso temperamento de su nuevo ascendiente, convenció a Wendy de que se rasurara las axilas y se animó a la última prueba de fuego: ella de veras era pelirroja.

Veía a los gringos a la distancia. Surfeaban, buceaban, nadaban como cachalotes, regresaban a correr sobre la arena; saludables bestias solares. Wendy le habló de la astrología con un lenguaje entre esotérico y matemático. Poco a poco, el Gato se fue sumiendo en el inverosímil plasma de la ciencia: un alga contenía tanta información como la biblioteca de CU, una pequeña alteración molecular y esa bandada de papagayos que surcaba el horizonte sería liquen, plancton, polvo de estrellas.

Metido en el *sleeping bag* de Wendy, pensaba en la eterna expansión de las galaxias. En esa apartada región del planeta, sólo recorrida por los camiones Flecha Roja, el Gato se sentía rotar en torno al sol.

Pero Wendy le había reservado una sorpresa para una noche despejada. Cuando el cielo no fue más que un carnero de arena finísima, ella sacó el catalejo. Empezaron por lo mejor: Saturno y sus nueve lunas. Los anillos vibraban en la inmensidad de la pecera cósmica.

Se dieron toques generosos y continuaron viendo las maravillas ocultas al ojo desnudo: estrellas fugaces, meteoritos y asteroides. En las playas del Pacífico el Gato acabó convencido de que su vocación estaba en las estrellas. De ahí a la carrera de astronomía no había más que un paso y él lo dio al regresar a la ciudad. Estudió con una fruición que antes sólo había mostrado al chupar chemises y paletas de nuez a la salida de la secundaria. Y fue tal su empeño que actualmente escribe en la Universidad de Cornell una tesis sobre el nacimiento de las galaxias.

Después del fracaso de las utopías gregarias (la comuna como picnic permanente), el Gato ha ido en busca del escape individual. Tres formas de aislamiento: la playa solitaria, los audífonos para oír rock progresivo, el cubículo donde ahora trabaja.

A veces el Gato cree que del trópico sólo conserva los granitos de arena que se le vienen encima cada vez que abre sus viejos libros. Pero el pasado no desaparece tan fácilmente, al menos mientras Júpiter permanezca en la novena casa y la Luna en Tauro.

El Gato avanza hacia el pizarrón y dibuja la lombriz que representa una integral. Se abandona a esa forma simple, al delgado idioma que no es otra cosa que la diagramación en gis de los ruidosos pluuuuuuks y zuuuuuums que salen de los sintetizadores, el lenguaje secreto de un universo matemático y también, ¿por qué no?, la figura del cosmos, de los puntos luminosos que giran a lo lejos para formar el único signo inorgánico del zodiaco: La Balanza.

1973

Toño, Nabor y Alvarito nacieron en la colonia Lindavista, esa región que se distinguía por las fábricas Luxus y Canada Dry y los moteles que se desperdigaban por Insurgentes Norte rumbo a la carretera a Pachuca, pasando por las estatuas de esos indios que ya estaban verdes cuando ellos vinieron al mundo. Como la colonia Lindavista era un lunar de la clase media que se había desprendido de la ciudad, todas las familias decentes buscaban mantenerse unidas. Las mujeres iban al colegio Guadalupe y los hombres al Tepeyac. Toño, Nabor y Alvarito recibieron una educación católica, acompañada de *neolitazos*, el castigo local del Tepeyac, que consistía en azotar las nalgas del alumnado con una tira de auténtico hule Neolite. A ninguno de los tres le interesó vestir el uniforme azulgrana del equipo de *soccer* ni el rojiblanco del equipo de americano. Ellos se negaban a hacer deporte, aborrecían las misas en la escuela y las visitas a la Basílica, le tenían miedo a las locuaces alumnas del Guadalupe, odiaban jugar a las escondidas en los llanos que circundaban la colonia, despreciaban los anuarios del colegio donde los alumnos aplicados salían con caras muy plácidas, como si les hubieran dado a comer sus calificaciones. Toño, Nabor y Alvarito le mentaban la madre a la vida que les había tocado vivir.

Todas las tardes se reunían a bailar en casa de Nabor, quien tenía unos padres que soportaban el volumen del tocadiscos, seguramente arrepentidos de haberle puesto aquel nombre a su hijo.

Pero al salir de su refugio se encontraban con un país que sólo reconocía a los jóvenes que realizaban extravagancias históricas, como el Niño Artillero en el Sitio de Cuautla o el Pípila, que cargó una piedra del tamaño de un sofá para que los insurgentes ganaran en Guanajuato.

Nunca se les había ocurrido llevar su rebelión más allá de la casa de Nabor; sólo ahí parecían gozar de inmunidad. Sin embargo, en 1973 se enteraron de la revolución que estaba transformando al rock. En efecto, Marc Bolan, el "carita" que lideraba a T. Rex, decidió soltarse la greña para fundar el *glam-rock*, David Bowie se declaró orgullosamente bisexual y Alice Cooper apareció en escena vestido de mujer y acompañado de una víbora que se le enroscaba por todo el cuerpo. Marc Bolan era el rorro más sofisticado del circuito rocanrolero, David Bowie, tan hermoso como las modelos de *Vogue*, y Alice Cooper, una bruja que degollaba bebés de plástico en sus actuaciones. El rock salía del clóset con encajes y perlas de fantasía.

Toño, Nabor y Alvarito captaron el guiño que les hacía el rock glamoroso. En una tienda para vedettes compraron hartas lentejuelas. En Telas Junco se hicieron de varios metros de presuntas pieles de leopardo. En el salón de belleza París se robaron una pistola de aire. En el espejo aprendieron a tener estilo.

Ellos se convirtieron en los primeros exponentes del *glamrock* en la colonia Lindavista. Los alentaba una canción de Lou Reed que decía:

En Berlín, junto al Muro
Tenías 1.78 metros de altura

Era muy agradable
Luz de velas y Dubonnet en las rocas.

Estábamos en un pequeño café
Se podían escuchar las guitarras que tocaban
Era muy agradable
Oh, cariño, era el paraíso

Si Lou Reed encontró su edén sobre los cadáveres sepultados por las bombas en Berlín, ellos podían hacer lo propio en el absurdo sitio donde habían nacido. El chiste estaba en transportar su estilo a todas partes, sin arredrarse ante la deprimente fachada de la fábrica que destilaba el empalagoso Ginger Ale.

El primer acto público de Toño, Nabor y Alvarito fue un picnic bajo una palmera de la calle Montevideo. Como no les alcanzó para champaña y caviar, recurrieron a la sidra El Gaitero y al jamón del diablo.

El picnic escandalizó a toda la colonia. Y todavía faltaba algo más: el día de fin de clases, Toño se vistió de Humphrey Bogart, Nabor se tiñó el pelo con agua oxigenada y se puso sombras azules en los párpados y Alvarito se peinó con goma al estilo "salivazo" de los años veinte y se enfundó en un esmoquin rosa rentado en Macazaga. Nadie entendió que estaban imitando al grupo inglés Roxy Music.

Cuando Toño, Nabor y Alvarito aparecieron en la cancha de basquetbol habilitada como salón de fiestas, los profesores se santiguaron y pensaron en hormonas. El *coach* del equipo de futbol americano, por su parte, ordenó una formación T-profesional y una jugada de *todos a la carga*, pero nadie le hizo caso: Toño, Nabor y Alvarito pasearon su alegre decadencia ante futbolistas bloqueados por el alcohol.

Sin importarles las viriles habladurías de los vecinos, se presentaron un sábado a la función "moda" del cine Futurama con sacos de terciopelo negro y pantalones de presunta piel de leopardo. Los zapatos eran de charol. En el pelo y en las solapas tenían lentejuelas, como si hubieran sido rociados por un chipi-chipi de *glitter*, polvo de estrellas en el cuerpo.

La sociedad mexicana era lo suficientemente liberada para aceptar el carácter mixto de la economía, los barrenderos vestidos de anaranjado psicodélico y un cuerpo femenino en la policía, pero tres personas con la elegancia, la sofisticación y el chic de Toño, Nabor y Alvarito eran, simple y llanamente, unos putotes.

Una noche fueron detenidos por unos tipos dispuestos a hacer lo que el *coach* de americano no había podido. Bastaba verles los bigotes de ejidatarios y las botas vaqueras para saber que —¡ajúa!— de un momento a otro empezarían a demostrar su virilidad a patadas.

Con varios premolares menos y algunas costillas rotas, Toño, Nabor y Alvarito abandonaron su intento de asumir la moda *glam*. En Nueva York ellos se hubieran podido disfrazar de azotadores, arrastrándose por las banquetas de la Quinta Avenida, sin que nadie los volteara a ver. Pero en México no estaba el horno para *freaks*.

Toño, Nabor y Alvarito eran tres amigos de la colonia Lindavista que se negaron a ponerse el casco del equipo de americano de los Frailes del Tepeyac.

Toño, Nabor y Alvarito trataron que la elegancia del *glam-rock* fuera a la función "moda" del cine Futurama.

Toño, Nabor y Alvarito abandonaron el exhibicionismo, a sabiendas de que les habría ido peor si se hubieran atrevido a pintarse las uñas de negro.

Toño, Nabor y Alvarito siguen escuchando sus discos de Marc Bolan, Alice Cooper, David Bowie, Roxy Music y Lou Reed.

Toño, Nabor y Alvarito han dejado de verse, pero guardan algo en común: cada uno tiene en su buró una brillosa botellita de esmalte negro para esas uñas que cada día crecen y se afilan más.

1974

JORGE ERA UN CAMINANTE DE LAS TOLVANERAS. SUS
pies, forrados con botas de piel de conejo, se plan-
taban en el vórtice mismo de los torbellinos, allá
en San Cristóbal Ecatepec, donde el aire había decidido moverse como las alocadas aspas de una
licuadora.

Pero al subir a cualquier camión rumbo al centro, Jorge se convertía en George. Atrás quedaban
los techos de lámina. Hacia adelante sólo había
un punto de fuga: la pantalla del cine donde se
había quedado de ver con Flavio y el Tribilín.

Casi siempre entraba a la sala después de em-
pezada la función. Recogía el aire en sus pulmo-
nes para expulsarlo en un solo grito:

—¡Ya llegué!

Flavio y el Tribilín contestaban entre la rechifla

del público y él saltaba los oscuros escalones hasta llegar junto a sus camaradas.

George trabajaba de mozo en una tlapalería. Entre semana se la pasaba sirviendo tíner en botellas de Coca-Cola, y blanco de España en cucuruchos de periódico. Sus dedos se movían de prisa, escogiendo clavos de media pulgada, enrollando mecates, contando las monedas.

Cuando la cortina de metal caía al piso el último día de trabajo, ajustaba los candados y se sentía feliz de que los cajones con tuercas y alcayatas quedaran presos.

Cada domingo iba a ver una película de catástrofes y rubias desnudas o a bailar a un hoyo fonqui, de preferencia al Revolución, donde actuaban Enigma, Semilla del Amor, Ataúd Blindado, los Dug Dug's, Hangar Ambulante y Three Souls in My Mind.

Por la revista *Conecte* sabía que el rock mexicano no siempre estuvo en los hoyos y que antes se organizaban tocadas en la Universidad y en la pista de hielo Insurgentes. Ahora no quedaba más remedio que tomar el metro hasta la estación Balderas para llegar al Revolución, una ruinosa bodega de muebles que se convertía una vez a la semana en el local donde el público recibía su dosis de despiadada energía. Por eso valía la pena hacer cola frente al Renault blanco improvisado como taquilla; los boletos se despachaban por la rendija de una ventana apenas abierta.

Los conjuntos jamás se detenían a afinar; lo importante eran las ráfagas sonoras. Si algo le sobraba al público eran oídos. Nadie escuchaba con atención. La única actividad urgente era el sobrecalentamiento: la música que agita las moléculas de los cuerpos, el calor por irritación.

Los signos febriles del rock pesado hicieron que la vida de George cambiara de rumbo, igual que si alguien lo hubiera tomado del cuello para propinarle un cruzado a la mandíbula. La sencilla brutalidad de ese sonido borraba las pegajosas jornadas en la tlapalería.

Nunca se hubiera podido quedar quietecito frente a un escenario; él necesitaba que la vida que tenía atrapada escapara de su cuerpo como por la válvula de una olla exprés.

Poco a poco se fue adentrando en el mundo de los conjuntos ingleses y norteamericanos que eran imitados en los hoyos. Al cabo de un tiempo, se había convertido en una figura emanada de la saga maldita de Black Sabbath y los demás brujos de los 1 000 watts de potencia. El contacto con el rock le hizo darse cuenta de que podía llevar un estilo de vida propio. Antes se vestía como fuera; si le regalaban un suéter lo usaba; si se le rompía el pantalón le cosía un parche. Ahora quería usar ropa estropeada a propósito: él era distinto: tenía una camiseta rebanada en el ombligo, chaleco de mezclilla, un collar con una bala calibre 30-06.

La música pronto se le hizo inseparable de la parafernalia visual de los grupos de rock pesado: calaveras, palabras que escurrían sangre, garras de águila. A él le gustaban las suásticas. Tomó su chaleco y le claveteó unas tachuelas para formar el emblema de los nazis.

Los piratas, los magos, los pandilleros contribuían al espectáculo con valiosos talismanes: una bandera negra con los huesos atravesados, una túnica fluorescente, una cadena alrededor de la cintura. Cuando se encontró un pedazo de cuero y lo convirtió en un brazalete adornado con estoperoles, se dio cuenta de que también le atraía la onda de los vikingos.

George se dejaba seducir por todo lo que fuera bronco, áspero, afilado. Los músculos estaban tensos bajo su chaleco de mezclilla. El collar con la bala 30-06 era su visa para franquear cualquier colonia. En los hoyos fonquis hacía respetar sus botas de conejo. No entendía las canciones en inglés pero se las imaginaba. A su manera, logró traducir la estética de la violencia promovida por el rock pesado. Black Sabbath cantaba *Paranoico* y él pensaba que estar paranoico era estar mamadísimo y dispuesto a golpear al primero que se le quedara viendo con cara de "¿qué te pasa, güey?" Blue Öyster Cult tocaba *Carrera del mal* y George imaginaba un coche rojo, con dibujos de flamas en las puertas, que atropellaba agentes de tránsito y vendedores ambulantes en San Juan de Letrán. El disco *Demonios y magos*, de Uriah Heep, le confirmaba su idea de que el rock buscaba fuerzas ocultas, pero no como quienes le prendían veladoras a san Antonio para encontrar novios y objetos perdidos: la música tentaba a los demonios, ejercía la desobediencia.

Se reunía con Flavio y el Tribilín en Azcapotzalco. Flavio había logrado comprar un radio del tamaño de un portafolios. Se iban a un lote baldío a escuchar a Nazareth, Slade, Grand Funk, Black Sabbath y Golden Earring en el programa *Vibraciones*. El locutor hablaba como si fuera un médium. La voz pastosa, sin entonación, parecía venir de algún espíritu. Las palabras reverberaban en el radio: "el poliedro se fracciona para dar lugar a los espejos del sumo sacerdote". Después seguía la dinamita.

El guionista de *Vibraciones* se las había ingeniado para ser puntualmente mafufo de lunes a viernes a las diez de la noche. George, Flavio y el Tribilín inhalaban cemento y la basura del lote baldío resplandecía en la oscuridad. Al fondo, el humo de la refinería de Azcapotzalco se convertía en un vapor mercurial.

Tres siluetas en la noche, las bolsas de plástico sobre las caras como alucinantes máscaras de oxígeno, una enorme extensión de desperdicios y al fondo las enramadas de acero de la refinería. George sentía que algo le carburaba por dentro, sus pupilas dilatadas se dirigían al horizonte, convertido en la portada ideal, una brillante maquinaria del infierno.

Aunque su mamá dijera que estaba hecho un

pandillero, él sabía que su conducta respondía a un impulso trascendental; de alguna parte le llegaba la fuerza para cobrar venganza, una venganza difusa, contra todo mundo.

Su papá, en cambio, sentía un silencioso orgullo por ese hijo tan machito. Además, aprovechaba los pósters desafocados de la revista *Conecte* para encender el bóiler y prepararse un baño que le quitara del cuerpo el aceite multigrado con el que se manchaba en la gasolinera.

Un domingo, George tomó el camión para salir de la zona suburbana donde vivía. Llegó a una estación del metro y descendió a los andenes castañeteando los dedos al compás de Nazareth.

Sintió el jalón del metro al iniciar el recorrido. Se entretuvo mirando los emblemas color cilantro de la línea 3. Después paseó su mirada por el vagón semivacío hasta captar a una chavita.

Ella se puso nerviosa. Hizo como si se concentrara en la placa cromada que tienen los vagones: *Cie Industrielle de Matériel de Transport.* No despegó la vista del letrero. Parecía interesadísima en *Les Ateliers de Construction du Nord de la France.* George intentó acercársele, pero ella descendió en la siguiente estación.

La siguió por un pasillo, cuando estuvieron solos la tomó de la muñeca y la jaló hacia él. Sintió el cuerpo ligero entre sus brazos. No tuvo ganas de darle un beso, simplemente la empujó contra una columna y le acarició los senos. Desvió la mirada hacia los frisos precolombinos que decoraban la estación. Se dio cuenta de que los aztecas tenían un estilo tan bizarro como el de los grupos de rock pesado. Soltó a la muchacha y corrió por el pasillo, de regreso al andén. Ni siquiera se fijó si ella tenía la cara deformada por el terror o si gozaba con sus caricias. Eso era lo de menos. George tomaba y dejaba los senos sin pedir cuartel.

Había bastante gente esperando el metro. Cuando el vagón entró por el túnel, George se abrió paso convirtiendo sus codos en dos afiladas esquinas.

La gente se le quedaba viendo. "Lucifer, Luzbel, Ángel de los Infiernos, déjame en paz", ésa era la letanía de todas las miradas. Por primera vez se sintió completamente dentro del rock pesado. Sus ojos brillaban con intensidad. Si su mirada se hubiera convertido en watts, el vagón habría llegado a la próxima estación oliendo a carne carbonizada.

Salió de la estación para encontrarse con Flavio y el Tribilín. Flavio usaba un collar de plantas medicinales que compró en el mercado de Sonora. El Tribilín era muy alto, pero su bufanda era dos veces más larga que él, así es que le llegaba al piso por delante y por detrás. Saludó a sus amigos en la forma acostumbrada: se tomaron de los antebrazos como centuriones romanos.

Empezaron a caminar por la banqueta, con paso firme, seguros de tener un poder alternativo, personal. Al cabo de unas cuadras, George detuvo a sus amigos y con el brazo desnudo señaló el destino de la acción.

Los tres gladiadores, los del brazalete vikingo, los de la suástica y la calavera, los de las calles polvorientas, los adoradores del cemento, los de la amibiasis permanente, ellos, los jodidos guerreros del hoyo fonqui, corrieron por la banqueta para crear una obra de arte a punta de madrazos.

1975

Durante años, la zona postal 20 fue un pedregal habitado por ardillas, ratas de campo y tejones. En los setenta, toda la región había sido conquistada por una especie con cuentas de ocho cifras en el banco.

Alfonso nació en esa colonia donde las calles tenían los nombres que podrían haber portado en el paraíso: Fuego, Cascada, Roca. En plena juventud había conseguido algo que sólo parecía atributo de los mayores: aburrirse como una ostra. Su vida era una tranquila siesta después del almuerzo. Se entretenía fumando los cigarros delgaditos color caoba que Kojak había estrenado en la televisión y tomando la mejor bebida insípida del mundo: agua mineral Perrier.

Pero él sabía que tarde o temprano le iba a ocurrir algo inesperado, que lo lanzara a la Vida Real, azarosa, insegura, inexorable.

Lo primero que le interesó del *punk* fue que costara trabajo llegar a los detalles; sólo quienes estaban al tanto de lo que pasaba en Londres y Nueva York conocían el más reciente movimiento rocanrolero.

Para Alfonso la música era como un acto de malabarismo. En su equipo cuadrafónico colocaba discos que debían ser escuchados con suma atención. Se sorprendía de que Rick Wakeman tocara tantos teclados a la vez y de que Carl Palmer sostuviera un solo de batería durante veinte minutos. Sólo los auténticos virtuosos podían tocar rock progresivo.

Con la revuelta *punk*, el rock se había vuelto gandaya. Cualquier chavo con la sangre caliente podía tomar una guitarra y hacerla. Para los *punks*, la palabra más asquerosa del diccionario era "profesionalismo". Al carajo con el solfeo y los cuadernos pautados: el rock se usa, el rock se gasta.

"¡Odiamos todo!", gritó Johnny Rotten, líder de los Sex Pistols, y Alfonso supo que desde ese momento el Alka-Seltzer ya no era bueno para el estómago y que el Valium ya no calmaba los nervios: el progreso y la civilización habían perdido su efecto anestésico.

Lo primero que necesitaba para ser *punk* era inventarse un alias. La crítica de la sociedad contemporánea empezaba con la destrucción del culto a la personalidad. Había que sustituir los nombres propios por insultos. Alfonso consideró la posibilidad de ponerse Poncho Ojete, pero no le convenció. Él era *punk,* pero no naco. Tenía que buscar algo más apropiado. Finalmente se decidió por Phonsy Asshole. La metamorfosis se había realizado.

De cualquier manera, no fue fácil vivir como Phonsy Asshole. Cuando salía a caminar por el Paseo del Pedregal, su mente se poblaba de posibles actividades *punk:* ir a un *pub* a escupirle un buche de cerveza a un señor de bombín y bigotes de manubrio, ligarse a una linda chica de pelo verde en Portobello, pelearse contra los ebrios porristas del Chelsea, pasar el día oyendo discos gratis en la tienda Virgin. Desgraciadamente el paisaje era bien distinto. Phonsy veía a las sirvientas uniformadas que sacaban a pasear perros de cacería, a los albañiles que improvisaban su comida en la banqueta, a las muchachas que lamían asépticos helados. Phonsy Asshole era un *punk* que demandaba una pelea; tenía los puños crispados y ganas de pellizcarle la tetilla a un lord para pedirle cinco-marcas-de-cigarros. Sin embargo, lo único que el mundo le ofrecía era un horizonte de perros que meaban largamente sobre los arbustos.

Pero no se desanimó. Gracias a los discos de Sex Pistols, Damned y Clash, aprendió a cantar como si tuviera la garganta llena de pinole. Logró que su rostro adquiriera una expresión desencajada, de enfermo de salmonelosis y se mandó traer de Inglaterra lentes de soldador, chamarras llenas de zípers diagonales, tintes para el pelo y alfileres que simulaban atravesar la mejilla.

Una vez equipado, viajó a Nueva York y a Londres para visitar el CBGB, el 100 Club, el Marquee y los demás antros donde el *punk* salía del horno. Vio a Blondie en calzones color bugambilia. Vio a Iggy Pop encajarse una navaja. Vio a Sid Vicious bailando pogo. Vio a los integrantes de Devo moverse como androides de cuerda.

Cuando regresó a México contaba con los conocimientos necesarios para fundar su propia banda. Repasó algunas biografías *punks*. David Vanian trabajó de sepulturero, Johnnie Fingers fue expulsado de la escuela por presentarse a clases en piyama, Mick Jones vivió en un orfanatorio desde que sus padres lo abandonaron a los cuatro años. Los amigos de Phonsy tenían el rostro vacuo de bebés que han ingerido una sobredosis de cereal. Sin embargo, en México el *punk* no podía ser asunto de los marginados; para eso estaban los hoyos fonquis. Los *punks* se rebelaban contra una sensación de vida concluida, contra la apatía que surge cuando se tiene todo: ¡no hay futuro! Sólo los amigos de Phonsy podían criticar los aburridos logros del capitalismo. No le costó trabajo convencerlos de que participaran en esa lujosa experiencia. Así quedó constituido One Way Street. En las mañanas, Alfonso, Geras, Cheto y Pipo estudiaban en la Ibero. En las tardes, Phonsy Asshole, Billy Bloody, Chet Off y Kevin Pimp secretaban adrenalina en One Way Street.

Antes de hacer su debut como músicos fueron a Plaza Universidad vestidos de *punks*. Tomaron café con roles de canela en Sanborns. Se probaron zapatos en Florsheim. Preguntaron el precio de un arpón en Deportes Martí. La gente se les quedaba viendo; nadie podía evitar que sus pupilas se desviaran hacia esos cuatro fachosos. Por desgracia, nadie decía "ahí están los *punks*, los rebeldes de las oficinas para desempleados, los que se oponen al Estado paternalista y al *welfare*". No, la gente cuchicheaba: "mira esos chavos, ¿serán maricones?, a lo mejor son artistas filmando con cámara escondida".

Cuando empezaron a tocar pasó lo mismo. El público parecía incapaz de adentrarse en ese sonido que tenía la musicalidad de un sacapuntas eléctrico. Desesperado, Phonsy rompió una botella de cerveza contra los amplificadores y frotó los vidrios sobre su tórax hasta que una diagonal de sangre contribuyó al diseño de su playera.

One Way Street empezó a tener éxito.

Al siguiente concierto, el público los recibió con gritos que antes se oían en la lucha libre:

—¡San-gre, san-gre, san-gre!

Phonsy tuvo que volver a usar una botella rota.

Al cabo de un mes tenía tantas heridas como un torero. Pero a él le valía madres. Además, pronto hubo varias chavas dispuestas a untarle crema de concha nácar en sus cicatrices.

Sin embargo, el sentido de su rebeldía seguía

siendo ignorado. Eran otros los temas de actualidad. La gente hablaba de la sucesión presidencial, de la separación de Los Polivoces, de lo feos que estaban los nuevos billetes de cien pesos. Cuando empezaron las posadas, Phonsy ya había dejado de soñar en la utopía gandaya. La gente masticaba tejocotes, repartía colaciones, escurría jugo de caña por las comisuras de la boca. El ambiente navideño impidió que Phonsy se rebanara la panza en la posada en la que actuaron, y lo que es más: aceptó cantar "entren santos peregrinos" después de haber interpretado *Fuck Off* Los demás integrantes de One Way Street también sostuvieron velas que les marcaron las manos con lunares de cera. Phonsy y sus amigos supieron que jamás volverían a ser *punks*.

Al salir de la posada, Phonsy quiso ejecutar un acto *punk* de despedida. Le mentó la madre a unos policías. En ese momento él rompía con las reglas de la democracia burguesa, con la hipocresía del liberalismo, con el pendejo de John Locke. Los policías lo recompensaron con una sarta de macanazos. Él gritó que —¡AAAYYY!— era un sujeto con —¡AUUGHH!— garantías individuales, pero fue en vano. Cuando la gente salió de la fiesta lo encontró convertido en un modelo ideal para *Casos de Alarma*. Una patrulla se detuvo junto al herido y estuvo a punto de llevárselo a la Procu. Por suerte, Cheto llevaba una credencial de Gobernación que le había dado su papá, y sólo ese rectángulo enmicado impidió la detención formal de Phonsy, que para entonces ya era Alfonso.

Cada uno de los centímetros de su magullado cuerpo regresó a su verdadera identidad. Con la mejilla sobre la calle, Alfonso tuvo una precisa visión del futuro.

Adiós a la vida peligrosa. Al día siguiente se sentaría en una silla de lona, con un rifle de diábolos en las manos, a vigilar el jardín de su casa, alerta ante las ardillas, los tejones y las ratas de campo que amenazaban con recuperar su paraíso perdido.

1976

A LOS DIECIOCHO AÑOS, ROCÍO GANÓ UN DISCO EN una kermés y perdió la virginidad en un automóvil. Rocío era liberada, pero no era una loca. Rocío leía libros, pero si ya habían hecho la película mejor iba al cine. Rocío tenía un cuerpo muy mono, pero no salía a la calle sin brasier. Rocío no admiraba a los gringos, pero tampoco a los rusos. Rocío estaba en favor de las relaciones prematrimoniales, pero se acostó con Fredy cuando ya llevaban seis meses de novios. Rocío era lo suficientemente moderna para estar suscrita a *Cosmopolitan*, pero lo suficientemente anticuada para no hacer caso de las "técnicas para enloquecer a su hombre". Rocío no era una niña popis de la Ibero, pero tampoco iba a estudiar con los nacos de la UNAM; por eso se inscribió en la Universidad Metropolitana de Xochimilco. Rocío no se escandalizaba con la mariguana, pero nunca había pasado de los tres toques. Rocío era femenina (le gustaba maquillarse y cocinar), pero creía en la independencia de la mujer (deseaba estudiar neurofisiología).

En suma, Rocío no era ni mojigata ni ninfómana, ni culta ni inculta, ni de izquierda ni de derecha, ni cosmopolita ni ranchera, ni sumisa ni dominante, ni muy atrevida ni muy pazguata.

En una época en que los gustos musicales se polarizaban como nunca y los jóvenes se convertían en una estampida de Hamlets en busca de decisiones, "¿a ti qué te gusta, el rock o la música disco?", Rocío seguía indiferente.

Un amigo trató de introducirla a la música disco. La invitó a una discoteca que parecía una sucursal en poliéster del infierno: alfombras rojas, cortinas rojas, meseros rojos. La música era tan machacona que Rocío pensó que la única diferencia entre el baterista y un antropoide aporreando a un tapir con un hueso era que el baterista usaba camisa de satín. Para colmo, cuando su amigo la sacó a bailar lo vio retorcerse como columna salomónica sobre la pista. Y no sólo él; todos los hombres giraban en la forma más afeminada posible. Los pantalones entallados difundían las curvas de sus nalgas. *Push… push… in the bush*, proponía un cantante que usaba un collar digno de la familia Romanov.

Su encuentro con el rock fue igual de desastroso. Salió del concierto con ganas de bañarse con agua destilada y de tomar un Magnopyrol.

Rocío llegó a su casa al terminar la kermés, todavía insatisfecha porque no se ganó un oso de peluche tamaño refrigerador. Vio la portada del disco; por lo menos era un álbum nuevecito. Cuando lo colocó sobre la tornamesa se sintió feliz de haber escogido el número 28 de la tómbola, premiado con *How Dare You!*, de 10cc. Entonces supo que había un arte para los indecisos, un sonido versátil, a medio camino entre las empalagosas malteadas de la música disco y el aguardiente del rock: un capuchino artístico.

Sin embargo, en cuanto alguien le hacía la pregunta clave, arrinconándola en la disyuntiva rock *versus* disco, Rocío no sabía cómo explicar que no estaba ni con unos ni con otros. ¡¡¡¿¿¿Qué???!!! Una raza marcada por las dualidades, que estuvo a punto de exterminarse en el siglo xiv para ver cuál de los dos papas era el bueno y que parecía dispuesta a hacer lo mismo en el xx si se cortaba la línea entre Washington y Moscú, tenía en su seno a alguien incapaz de definirse.

Lo peor es que Rocío no sabía exponer sus dudas. Sus amigas tampoco eran duchas en hablar, pero ellas habían asumido las banderas de sus novios. Después de egresar del Guadalupe, el Oxford, el Francés del Pedregal y otras escuelas que garantizaban decencia, eran tan incapaces de Fundamentar Algo como de construir una catedral gótica. "Bueno... es que... o sea." En Inglaterra o Argentina hasta los futbolistas podían hacer un relato naturalista del gol anotado. Rocío, en cambio, había crecido contra la elocuencia. Sentía las miradas interrogantes, se mordía los labios y trataba de explicar: "o sea...", hasta allí llegaba.

A fin de cuentas, sus vacilaciones hubieran pasado inadvertidas de no ser por un detalle: estaba buenísima.

Piel de satín blanco... ojos de miel de maple... esbeltas pantiblusas... largas pantimedias... nariz y pestañas respingadas... nalgas triunfales... cintura breve... pubis de cereal de trigo.

Le chiflaban en la calle, la volteaban a ver, le

hablaban por teléfono, la invitaban a andar en moto, le ayudaban en sus trabajos de la universidad, le buscaban el nuevo disco de Steely Dan, le mandaban flores el 14 de febrero, se querían acostar con ella desde la primera vez, se turbaban, se ponían nerviosos, contaban chistes polacos, le tenían miedo, mucho miedo.

El primer novio en serio de Rocío fue Fredy, quizá porque su mayor virtud era no tener convicciones. Él la acompañó a buscar discos estilo 10cc, el rock derivativo que provenía de las aguas más sofisticadas del rock. Después de varias semanas de expedición, Rocío consideró que si las farmacias tuvieran el mismo surtido que las tiendas de discos, la gente moriría en México sin conseguir penicilina. Le tuvo que encargar los discos a su tía Glafira, que se fue a hacer un chequeo médico a Houston. Finalmente consiguió las obras completas de 10cc, Steely Dan y Supertramp.

Escuchaba esa música llena de matices y variaciones al lado de Fredy, que en varios meses sólo le había propuesto una cosa interesante: hacer el amor en su Valiant Acapulco. Ella no se decidía a cortarlo porque ya-se-le-había-entregado, pero después de platicar con una amiga divorciada y de leer el último número de *Cosmopolitan*, le dijo adiós a Fredy.

Lo que más le sorprendió de los pretendientes con los que empezó a salir es que todos le propusieran cambiar de vida. Durante varios meses Rocío se convirtió en un recipiente de personalidades: transitó por el catolicismo *pop* en la iglesia de El Altillo, donde se consideraba moderno acompañar los salmos con maracas; por el psicoanálisis trascendental, donde supo que la salud mental aumentaba con el salario; por la gimnasia china, donde llegó a un grado de relajamiento tal que el mundo le pareció un sauna.

Rocío no entendía las sucesivas obsesiones de sus galanes. Por lo visto no les bastaba que estuviera buena, o quizá estaba demasiado buena; su cuerpo portentoso promovía un *horror vacui*. Ella era una prueba de lo bien que podían dibujar los genes, un triunfo biológico, un espléndido mamífero. Pero ellos sentían que faltaba algo. ¿De qué servían los ideales de belleza si fallaba la cópula de personalidades? Necesitaban una muchacha que los acompañara al gurú, al gimnasta chino, al analista, alguien capaz de seguirlos al bazar de individualidades, de asumir los riesgos de tener un yo. Sus amigos se asustaban de la belleza en bruto; hubieran mandado a Elena de Troya a un curso de dianética.

Transcurrían tiempos en los que todos estaban "conflictuados", se "sinceraban", hablaban de la importancia de su "relación" y luego apretaban el gatillo: "¿qué te gustaría ser... qué te gustaría ser... ¡si vivieras!?" Había sobreabundancia de credos y cada pretendiente le ofrecía uno.

Pero Rocío seguía siendo la misma: ni muy-muy ni tan-tan, ni aficionada al rock ni a la música disco. Poco a poco descubrió las ventajas de su indefinición. En la bolsa llevaba sus pastillas de Microgynon 21, y las tomaba sin poderse decidir entre un rorro como Pedro, alguien tan ingenioso como Carlos o un hombre tierno y protector como Jaime. Ella era una obra de arte para los enérgicos (Mario), los románticos (Juan Manuel), los chistosos (Walter), los sofisticados (Tony) y hasta los que parecían indecisos; después de todo, Rocío era una canción de 10cc.

1977

A José Enrique Fernández

SUS LABIOS ERAN HERMOSOS. CON SÓLO VERLOS UNO
se transportaba a los besos en los autocinemas, a
los bailes en la secundaria, a las tobilleras y a las
nieves de limón, a los discos de 45 revoluciones,
a la devastadora música que empezó promo-
viendo la compañía Sun Records, a la RCA que se
apropió de esa voz que crecía inconteniblemente,
saliendo de las amarillas praderas del sur de Estados Unidos para recorrer el mundo. Sí señor, el
locutor Alan Freed anunciaba una nueva era musical que golpeaba a las puertas de todas las casas: ¡EL ROCK & ROLL ESTÁ AQUÍ! Había que ver
cómo se movían, cuán expresivos eran los labios
rosados de Elvis Presley.

En la pantalla del cine Las Américas, Elvis sacu-
día la cabeza como si lo azotaran invisibles latiga-

zos; la cámara abría el enfoque y el público lo podía ver de cuerpo entero; la música hacía un quiebre y Elvis el camionero, Elvis el ídolo, Elvis Pelvis, Elvis el rey del rock & roll... movía la cadera.

La Chata y Cicerón estaban en la primera fila. La gente gritaba, las muchachas se deshacían el crepé frente a la imagen de Elvis. Pero la Chata y Cicerón pensaban que el homenaje debía ir más allá del desgañiteo de gargantas. No bastaba con que los jóvenes de la clase media mexicana salieran con laringitis del cine.

La Chata usaba el lápiz labial más rojo de la colonia Roma. Cicerón tenía chamarra de cuero, motocicleta, habilidad para someter a diez enemigos con los feroces eslabones de una cadena, botas negras y una pandilla dispuesta a seguirlo al mismísimo infierno, los Black Stones, que se reunían todas las tardes en la calle Piedras Negras, de donde tomaron su nombre.

La Chata y Cicerón se levantaron de sus asientos, y atrás de ellos los Black Stones y las amigas de la Chata. En un minuto, el cine se vio asaltado por los bárbaros. Ahora se bailaba, se lanzaban objetos de un lado a otro, se destrozaban butacas: el rock & roll había llegado al D. F.

94

Ésa fue la primera batalla campal organizada por los Black Stones. A fines de los cincuenta y principios de los sesenta, la colonia Roma temía a esos jóvenes rebeldes. La Chata y Cicerón se besuqueaban en la calle. Ella le metía una mano en la bolsa trasera del pantalón. Él entonaba *Jailhouse Rock* con una voz tan poderosa como el rugido de su motocicleta. La Chata quería morir de un infarto en un concierto de Elvis. El ídolo asistiría a su funeral, dispuesto a interpretar *Don't Be Cruel* para la admiradora que había muerto por él. Cicerón quería morir en un accidente de muchos kilómetros por hora. Pero ni la Chata ni Cicerón pudieron cumplir sus deseos.

En 1977 fue Elvis Presley quien murió de un ataque al corazón en su casa de Memphis. Tenía cuarenta y dos años y había engordado tanto que sus músculos parecían neumáticos radiales. Sus labios eran color azul.

Las estaciones de radio hicieron múltiples programas en memoria del héroe caído, y la Chata y Cicerón volvieron a escucharlo.

La Chata no se casó con Cicerón sino con un prominente administrador de empresas. Desde

95

mediados de los sesenta dejó de ser fanática de la música. Se volvió adicta a los desfiles de modas, los doce pesos con cincuenta centavos que compraban un dólar verdecito, los cortes de los diamantes y los jardines de las esmeraldas. Cuando cumplió los treintaicinco se dio cuenta de que necesitaba una diversión de tiempo completo y puso su propio negocio: un salón de belleza en Polanco.

El líder de los Black Stones no volvió a ver a la Chata desde que su noviazgo se carbonizó como las bujías de la motocicleta. Él también abandonó el rock & roll. Se dedicó a jugar arrancones en el Periférico y pronto gozó del carisma de los suicidas: las muchachas veían con ojos húmedos ese accidente a punto de ocurrir.

Ser un héroe en combustión le reportó beneficios adicionales: ganó tantas apuestas que de pronto le pareció absurdo morir aniquilado entre un montón de hojalata… dejando una muy respetable cuenta en Bancomer. Además, los años habían pasado junto a él como los veloces postes de telégrafo de la carretera. A los cuarenta necesitaba un reajuste.

Puso un taller mecánico que le permitió continuar su pasión alquímica (la mezcla exacta de aceite y gasolina). De cualquier forma no fue fácil cambiar de vida. Ahora eran otros los que corrían con los motores que él vitaminaba, y esto le parecía humillante. Estaba a punto de cerrar el taller, cuando se percató de la nueva obsesión de los setenta: el Volkswagen arreglado.

No recuperó su condición de héroe, pero al menos se volvió millonario. La mayor virtud del Volkswagen sonaba a defecto: era muy barato. ¿Quiénes compraban esos coches? Un fantasma recorría las concesionarias… ahí estaban los modelos que exudaban poderío, estatus acorazado en tonos metálicos… y enfrente las tortugas de los menesterosos (nada sonaba tan económico como el *bib-bip* del claxon). Por unos cuantos miles de pesos, Cicerón sometía al Volkswagen a una cura de salud. Una nueva versión de la *Lección de anatomía:* los mecánicos alrededor del coche. Cicerón tomaba un gis amarillo y trazaba crucecitas sobre los puntos a extirpar. Los coches salían del horno como panqués esotéricos, convertidos en lo que no eran. Las llantas anchas, el chasis tan bajo que había que salirse del coche para pasar los topes de Ciudad Universitaria, el quemacocos, el volante deportivo hacían que cada auto fuera tan interesante como una sirvienta que se vuelve vedette.

La Chata escuchaba el susurro de los billetes al hacer el corte de caja en su salón. Abrió una sucursal en Tecamachalco y le puso D'Elvis. Los clientes pensaron que era el nombre del peluquero. El 16 de agosto, *Blue Suede Shoes, Hound Dog* y *All Shook Up* volvieron a salir al aire. La Chata y Cicerón no pudieron dormir. La Chata pensó en Cicerón. Cicerón pensó en la Chata. Los dos lloraron al Elvis perdido.

Se volteaban de un lado a otro de la cama, obsesionados por el muchacho que salió de East Tupelo para que el mundo girara más aprisa, por sus hermosos labios rosados y su movimiento de caderas. La Chata y Cicerón trataban de olvidar, de recuperar la calma pensando en el futuro cómodo, alfombrado, que se extendía más allá de esa noche del 16 de agosto. Tenían que superar la angustia, esa insoportable caricia en el estómago.

Pero los fantasmas nunca mueren.

1978

A *Leonardo García Tsao*

SOY UN ACRÓBATA SOLITARIO. SOY UN PREDICADOR con rines de magnesio. Soy un concertista de los callejones. Soy un ángel de la desolación. Soy un pirata de los ejes viales. Soy el escrutador bajo los puentes. Soy el que conoce la palabra y los atajos. Soy Jesús, el jefe de la brigada nocturna.

Chucho escogió una profesión suicida: ser crítico de rock en México. En Estados Unidos o Inglaterra se hubiera podido convertir en *staff member* (qué bien se oía) de una revista como *Rolling Stone* o *Melody Maker*. Se imaginaba saludando de beso a Suzi Quatro y a Carly Simon, visitando a Alvin Lee en su castillo medieval, recibiendo discos de cortesía.

No hay crítico de rock sin el *stage pass* que da derecho a entrar a los camerinos para ver a los

Who peleándose como el primer día en que tocaron juntos y descubrieron que eran insoportables (y por eso mismo podían convertir su furia en rock). Éste era el sueño húmedo de Chucho.

Ellos tienen máquinas poderosas. Los neumáticos se untan al asfalto. La aguja del velocímetro se inclina a la derecha. La gasolina se inyecta en la medianoche de una ciudad de calles requemadas. El aire es un sueño de aceite. En las banquetas hay un desfile de parquímetros puntiagudos. Ellos me siguen por las avenidas, los pasos a desnivel, el circuito interior, las venas y las arterias de la ciudad.

Chucho reconocía de inmediato el *slide* en la guitarra de Duane Allman, la distorsión en la de Jimi Hendrix, el *feed-back* en la de Pete Townshend, las notas interminables en la de Santana, el pichicato en la de Steve Howe y el arco de violín en la de Jimi Page. El problema era qué hacer con esta *Weltanschauung* en estereofonía.

En un principio trató de escribir para las revistas mexicanas de rock. Pero después de ver que el 90% de los artículos empezaban con frases como "la última tortilla de los Stones está de pelos chinos", desistió de formar parte de la élite de críticos jipitecas. Por lo menos él ya había acabado la prepa y leído a Tom Wolfe.

Un lugar para los héroes caídos
Un lugar para los sueños destrozados
Un lugar para decir nuestras palabras rotas.

Cuando conoció a Maruca todo empezó a cambiar. No es que ella fuera aficionada al rock, pero tenía un papá con influencias en suplementos culturales.

Desde sus primeros artículos, Chucho usó epígrafes de escritores famosos, dio explicaciones para los legos, fabricó una pretenciosa alambrada para encerrar al rock en un contexto socioeconomicopolítico.

Empezó a tener éxito y no le costó trabajo encontrar el motivo: su prosa era tan contundente como un par de golpes proporcionados por Charles Bronson. La gente aplaudía su escritura, le daba palmaditas en la espalda, le picaba las costillas y le decía que-qué-buenas-metáforas, admiraba la envoltura que él había creado, pero el relleno, el rock duro y brutal, pasaba inadvertido.

María trabaja detrás de un mostrador. Un letrero de neón lanza su polvo morado sobre el marco de la puerta. Una campana anuncia a los clientes que traspasan el umbral. Ella se mancha las yemas de los dedos contando los billetes. El cansancio le pesa en la nuca, en la espalda, en los ojos enrojecidos. Es entonces cuando paso por ella. Las luces se apagan, y encabezamos el comando que recorre la ciudad en busca de la recompensa nocturna.

Como Chucho ganaba ochocientos pesos a la semana, fue Maruca quien tuvo que rentar un departamento para estar a solas. Él hizo intentos desesperados por aumentar sus ingresos. Aceptó todo tipo de invitaciones remuneradas, incluso aquellas que lo obligaban a hablar del rock y la lucha de clases. Preparó una ponencia comodín que titulaba, según las necesidades, "Rock: arte o mercancía", "Radiografía del rock", "Rock: dependencia o revolución" o "La respuesta está en el viento". Siempre terminaba aburriendo al público, y es que el rock carecía de tradición oral, no se podía hablar de rock; ya lo había dicho Jimi Hendrix: el rock es como una ola, hay que sentirla en el momento, nadie puede cortar una rebanada de ola y llevársela a su casa. Pero Chucho seguía en la necia.

Sus ganancias no aumentaron como él hubiera querido, pero al menos se convirtió en profesional del rock. Dejó de cantar en la regadera. Se concentró en los efectos de producción y en los catálogos de las casas disqueras. También empezó a padecer escenas que no había previsto. En las fiestas siempre aparecía un ebrio que lo desafiaba con preguntas sobre Premiata-Forneria-Marconi y en las reuniones de seis invitados le pedían que contara ¡la-historia-del-rock-desde-el-principio!

A medida que el rock se convertía en un objeto de disección, reduciéndose a sus siete notas extirpables, Chucho adquiría una calma cercana al entumecimiento. El cirujano anestesiado. Ya no le parecía tan grave vivir en la periferia del rock. Desde luego, a la menor provocación decía: "En México no se puede ser crítico de rock", igual que otros se quejaban de no ser pilotos de pruebas, cineastas, *quarterbacks* o espías, "Ser _____ (llene el espacio) en México es imposible", ése era el lema de su generación. Sin embargo, Chucho había llegado a un horroroso momento de sinceridad: ¿qué tal si fuera posible?

Chucho había destacado por ejercer una profesión minoritaria. Si alguien lo acusaba de no ser muy brillante, le quedaba la excusa de que en México no se podía escribir crítica de rock. Genio en potencia, latente, inexpresado, Chucho descubrió las ventajas de los impedimentos. Él era único, ¿para qué pedirle que fuera extraordinario? Sabedor de que en Estados Unidos o Inglaterra ser crítico de rock implicaba nadar en el mar de las pirañas, disfrutaba las aguas mexicanas que le permitían nadar de muertito.

Avanzamos sin tregua. Los postes de la luz desaparecen rápido en los espejos retrovisores. Las señales de tránsito se suceden unas a otras en una carrera de flechas desquiciadas. Llevamos cartones de cerveza tibia en la cajuela. Ponemos el radio a todo volumen. Usamos guantes de cuero sobre los nudillos ennegrecidos. Sabemos de la suavidad del asiento trasero. Nos trenzamos en un abrazo salvaje.

En 1978 Bruce Springsteen sacó su cuarto disco. Chucho se puso sus lentes para vista cansada y revisó la información al respecto. El músico llevaba tres años sin grabar, por un pleito con su compañía de discos. La Columbia lo había lanzado con una engañosa campaña publicitaria: "Bruce Springsteen o el nuevo Dylan" (aprovechando que el viejo tenía el cerebro convertido en queso cottage). Un nuevo mito había surgido, otro ídolo prefabricado ingresaba a la máquina tragamonedas del rock.

Pero Springsteen se opuso a la publicidad. Después de grabar *Born to Run* en 1975, se negó a seguir trabajando para la Columbia. La más grande esperanza del rock de los setenta se había eclipsado. Pero los seguidores de Bruce, a quien llamaban el Jefe, sabían que iba a regresar.

Sólo nos interesa la fuga nocturna, la alucinada hora en que los faros de los coches traspasan la atmósfera. Salimos. Recorremos la ciudad, inventamos su heroísmo y lo mantenemos en secreto. Realizamos hazañas hasta que llega el alba.

En 1978 la puerta de un estudio se abrió de sopetón. Una sombra se proyectó sobre el piso: el Jefe estaba de vuelta.

Cuando oyó *Darkness on the Edge of Town*, Chucho supo que ése era el año de Springsteen. Las canciones le gustaron tanto como si él las hubiera escrito; al fin podría creer en la música. El rock era un sonido urbano, pero nadie había llegado con tanta fuerza a las estructuras oxidadas de los edificios, al ballet de los automóviles, a la épica en los mugrosos túneles de la ciudad.

En una época marcada por el tecnicismo, las ventas jugosas, la publicidad que saca brillo a las estrellas, Springsteen tocaba por placer.

Chucho repasaba una y otra vez la mitología de Springsteen, la saga de los Chevys '65 y las muchachas descalzas. Trató de introducir a Maruca en esa música que lo hacía hablar atropelladamente, los ojos encendidos como un personaje de Dostoyevski, pero ella sólo le dijo que Bruce estaba muy mono.

Chucho dejó de escribir artículos: ya no podía mantener la distancia del crítico. Springsteen hizo algo más que devolverle su pasión por la música: lo convirtió en su personaje. Chucho recorría la ciudad con el radio a todo volumen, un pie en el acelerador y otro en su vida paralela.

En la oscuridad de un departamento, Jesús duerme con María. Ella lo ve respirar acompasadamente y descu-

bre las arrugas que se empiezan a formar bajo sus párpados; casi se diría que duerme con esfuerzo.

Agotado por las batallas nocturnas, Jesús se hunde
en un sopor profundo, sin imágenes. Pero de pronto el
sueño tiene una fisura. Se ve a sí mismo, de espaldas,
ante un objeto inexplicable, un teclado lleno de letras
en el que acelera, cambia de velocidad, recorre sus do-
minios: el Jefe y su brigada nocturna se apoderan de la
ciudad a bordo de máquinas suicidas.

1979

VICKY Y NICOLÁS SE CONOCIERON EN EL CALIFOR-
nia Dancing Club, frente a los saxofones de la Sonora Matancera. Vicky había aprendido a bailar
con su papá, que ganó varios concursos en los
años cincuenta, toda una hilera de trofeos con
bailarines retorcidos. Nicolás la sacó a bailar y
ella se lució con pasos de fantasía: el avión, la regadera, el bolero. La pista del California había
puesto a prueba a las mejores suelas tropicales.
Esa noche, Vicky caminó sobre las aguas.

Nicolás bailaba mal, pero era muy guapo: piel
morena, dientes deslumbrantes, bigote neozapa-
tista y ojos verdes. Además, inspiraba tanta confianza que ella le confesó que se llamaba María
del Refugio.

—Pero me gusta que me digan Vicky.

Él dijo que Vicky le iba mejor. Ella le empezó a decir Nico.

Al día siguiente, Nico le puso más pimienta que nunca a la salchicha de Pomerania. Trabajaba de cocinero en un restorán polaco. Nada le salía tan bien como los guisos (en especial la sopa de betabel enriquecida con hongos secos). El domingo invitó a Vicky a *Fiebre de sábado por la noche*. Al salir del cine se besaron en el quicio de una puerta. Después Vicky improvisó unos pasos en la banqueta, al estilo John Travolta. Al llegar a su casa hizo a un lado el burro de planchar, sintonizó una estación que difundía "música más allá del último plátano" y estuvo horas bailando *tango hustle*. No había quien bailara mejor en la colonia Aviación Civil.

A Nico le gustaba leer entre sopa y sopa. Sus ojos iban de los peroles borboteantes a los libros que se reblandecían con el calor. Esta afición no estaba libre de peligros. Una tarde el dueño del restorán, que era católico al punto de haber puesto un crucifijo sobre el horno de microondas, lo encontró leyendo el *Manifiesto comunista*. A partir de ese momento quedó prohibido llevar libros a la cocina.

Cuando Vicky vio el programa de televisión *Fiebre del 2*, le dio coraje que premiaran a bailarines que seguramente iban del concurso al ortopedista. Ella era muy superior a esa gente que creía que tener ritmo era lo mismo que tener un ataque. Empezó a pasar de la música tropical al sonido discoteca. Bastaba que los animadores de *Fiebre del 2* propusieran un nuevo paso para que ella se lo aprendiera en un tris. Todas las mañanas trapeaba la casa al compás de Village People (conocidos en México como Los Aldeanos). Sus labios murmuraban las palabras claves de la música disco: *macho man* y *down tonight*.

Nico recurrió a un *samizdat* no siempre exitoso: *El Estado y la revolución* fue encontrado entre unas hojas de lechuga. Pero el polaco decidió tolerar este brote de comunismo en su cocina. Nico era un verdadero artista del gusto y se avecinaba un acontecimiento tan importante como la apertura del Mar Rojo: el Papa visitaría México y la comunidad católica había decidido agasajar a su santidad con sopa de betabel. El polaco no podía despedir a Nico.

Los sábados, Vicky y Nico hacían el amor en

baños públicos. Vicky aprovechó esa atmósfera relajada para decirle a su novio que concursaría en *Fiebre del 2*. Él no se opuso; estaba demasiado ocupado pensando en una disyuntiva terrorista: asesinar o purgar al Papa.

Lo que más le preocupaba a Vicky era la ropa. Casi todas las concursantes de *Fiebre del 2* usaban pantalones entalladísimos y playeras diminutas; eso estaba bien para quienes tenían buen cuerpo, pero ella estaba plana, desoladoramente plana. Le pidió a su mamá que le hiciera unos pantalones bombachos y una blusa guanga. Cuando el traje estuvo listo poco faltó para que se desmayara frente al espejo: se parecía a los soldados franceses que pelearon en la batalla de Puebla. Sin embargo, cualquier cosa era mejor a que la vieran toda flaca. Finalmente sólo quedó un asunto pendiente: ¿qué hacer para conservar la calma en el concurso? Trató de ejercitarse en poner la mente en blanco, pero esto resultó imposible: el rostro de Nico aparecía como en la pantalla de un cine. Entonces se le ocurrió pensar en algo que no fuera ni bueno ni malo, ni alegre ni triste, lo más neutro de su vida. ¡Claro que sí: pensaría en Eufemia, su madrina! Ensayó cuatro horas diarias, concentrada en la cara de su madrina, que había nacido para no suscitar emociones; tenía un puesto de tamales y su único signo vital era el vaivén con el que avivaba el fuego: el abanico se movía como un metrónomo y el rostro permanecía impertérrito, idolizado frente al vapor del comal.

Unos días antes del banquete para el Papa, el polaco le pidió a Nico que lo acompañara en sus compras. Los ojos le brillaron como si hubiera dicho que fueran a Lourdes.

Consiguieron las cinco variedades de pimienta, trufas que se maceraban con la vista, betabeles encendidos. El polaco habló de las frías maravillas del Báltico, de arenques y rodaballos, de la bruma en Dánzig y los vapores del Vístula, de la anguila de río y el alcohol de remolacha, de los espárragos que crecen bajo la nieve y el destello sanguíneo de las moras. Habló del pato y del ciervo.

—Ay, Nikkko —concluyó con la triple k de su entusiasmo.

Nico no contestó. Su mano derecha acariciaba un betabel.

Vicky pasó en rehilete una y otra vez frente al calendario de bujías Champion que tenían en la sala. Sólo interrumpió su entrenamiento cuando escuchó que la caravana de premios de su estación favorita estaba cerca de su casa. Salió corriendo y llegó antes que nadie a decir la clave "Cuida el agua y sonríele a la vida". Ganó una dotación de consomé de pollo.

Para el día del banquete, Nico sabía tanto de venenos como de recetas. Unos minutos antes de servir la sopa, destapó la olla en la que había preparado la porción de Juan Pablo II. Sus fosas nasales se hincharon con el delicado perfume de la cocción, una primavera a fuego lento. Metió la mano en el bolsillo donde tenía un frasco con el poderoso laxante.

—Quiero que tú le lleves la sopa al Papa —le dijo el polaco en ese momento. Nico se quedó unos minutos cavilando con la mano sobre la tapa del frasco.

Salió de la cocina charola en mano. Era la primera vez que lo hacía y pensó que iba a perder el equilibrio. Fue hacia el Papa mientras sus compañeros atendían a los otros invitados. La sopa tenía el color de una húmeda bandera polaca. Sangre del día anterior. Logró depositarla en la mesa sin derramar una gota. Suspiró. Se quedó inmóvil, viendo de reojo la quijada centroeuropea de Su

Santidad, la cuchara plomiza que ingresaba en ese rostro incapaz de hacer muecas. Nico odiaba la cansada benevolencia con que el Papa veía a los otros comensales. Sin embargo, sintió un helado escalofrío en el espinazo cuando lo oyó decir "sabroso" en cinco idiomas. Regresó a la cocina, satisfecho del ecuménico elogio. Artista al fin y al cabo, no se había atrevido a perjudicar su obra con el laxante.

Una semana más tarde, Vicky concursó en el programa. Nico ya había bajado de su abstracción y le dijo que la mandaría a la chingada si se exhibía como una pieza de ganado. Ella trató de explicarle la importancia de salir en la tele, pero él era uno de esos espíritus rocallosos que jamás entienden el significado de palabras como "sofisticación" o "Hollywood". Era difícil que su sensibilidad se separara de los guisos.

Pero a fin de cuentas a ella le importaba poco lo que dijera Nico. Total, si ganaba en *Fiebre*, los galanes harían cola para invitarla a salir.

Empezó a pensar en su madrina desde unas horas antes del programa. Cuando llegó su turno caminó hacia la pista con tranquilidad, casi con lentitud. La música pareció caer del techo. Vicky se comenzó a mover bajo el diluvio. Dos compases bastaron para que el rostro de Eufemia fuera absorbido por los rostros que la miraban en el estudio. Vicky estaba sola frente a ellos, en el helado vacío del espacio exterior, en un bache ingrávido, lejos, aislada, frente a las cámaras.

Nico salió temprano del restorán para ver a Vicky en la televisión, pero al llegar a Insurgentes se encontró con una multitud que bloqueaba el acceso a la avenida. Avanzó unos metros a empujones y se colocó junto a una ambulancia que trataba de alcanzar la avenida.

—¡Va a pasar el Papa! —gritó alguien, y Nico pensó en el herido que tendría que esperar en la ambulancia a que se descongestionara el tráfico.

La ambulancia apagó la sirena a los pocos minutos, pero dejó encendida la luz roja, un faro que barría las nucas de la multitud. Tal vez para escapar del absurdo resplandor de la ambulancia, Nico se encaramó en un poste de luz. Desde ahí al menos podría ver al papa. Y no sólo eso: a su derecha había un departamento donde una familia veía la televisión. No pasó mucho tiempo antes de que distinguiera la silueta de Vicky que temblaba a la distancia.

En el delirio de las luces estroboscópicas, Vicky vio mil veces el rostro de Nico sudando por el vapor y pensó en su propio sudor que le manchaba las axilas, untándose a su cuerpo flaco, su cuerpo succionado por millones de antenas.

El Papa pasó entre alaridos. Nico siguió viendo la lejana imagen en la televisión. Vicky quedó en un lugar incierto, tal vez tercero o cuarto, sin posibilidades de pasar a la siguiente ronda. Nico cerró los ojos. El poste olía a brea. Se recargó contra la madera y escuchó un crujido en el bolsillo de su camisa; eran los billetes que el polaco le había dado de propina.

Cuando bajó del poste no quedaba nadie en la calle. Nico sacó los billetes de la camisa, con calma, como si estuviera a punto de hacer un pago importante. Después los rompió, uno por uno, meticulosamente, en jirones muy delgados.

Caminó hacia Insurgentes, dispuesto a tomar tres camiones para llegar a la Aviación Civil. Invitaría a Vicky al California Dancing Club. Esa misma noche se volverían a conocer, frente a los dorados saxofones de la Sonora Matancera.

1980

A Juan Lorenzo

LOS PAPÁS DE RUBÉN ERAN FRANCAMENTE ANTICU-
dos: ella se parecía a Janis Joplin y él a Jerry Gar-
cia. Su profesión de antropólogos les permitía
andar por la ciudad con huaraches de suela de
llanta. Rubén no les decía Pa ni Ma, sino Marta
y Genaro. Cada vez que se le escapaba un "papi",
Genaro contestaba "no la chingues". Marta tenía
el pelo castigado de quien se lava con piedra pó-
mez y un cutis que jamás visitaban los cosméti-
cos. Sus collares parecían venerar al Cristo de las
refaccionarias: cruces de fierro y rosarios de hojalata. Genaro tenía una de esas barbas superpobla-
das donde las migajas se pueden perder durante
seis meses. Usaba espejuelos redondos y un ove-
rol que lo hubiera hecho verse como un cuáquero,
de no ser por el morral de cuero crudo que lleva-

ba al hombro y que a partir del 68 se convirtió en emblema de los que eran de izquierda y vivían en el circuito Coyoacán-Contreras-San Jerónimo. Marta y Genaro eran aficionados a Chuck Berry, Little Richard y otros negros.

Para Rubén, la discoteca de sus papás era como la tumba 7 de Monte Albán: puras reliquias del sonido. Y la antigüedad de la música no era nada en comparación con las escenas que montaban Marta y Genaro. Rubén solía encontrarlos mariguanos en la sala, desplomados entre vasijas oaxaqueñas, velas derretidas, cojines de manta y estatuillas con falos que le hubieran dado envidia a Jimi Hendrix. Y la pachequez de sus papás no era lo peor: además hablaban. Cuando Marta abría la boca, uno podía ver un partido de futbol americano antes de que se callara. Rubén no conocía demagogos más completos. Genaro siempre hablaba de México como si fuera su riñón.

—¿Qué tal, cómo andas? —le preguntaba Rubén, masticando los *corn pops* del desayuno.

—Del carajo, Rub.

—¿Por qué?

—La situación del país —y hacía un gesto de peritonitis.

Después venía un vasto rollo de cómo las desgracias de la nación le afectaban directamente a él. Genaro estaba tan *dentro* de la realidad que las secreciones de su cuerpo ya no dependían de glándulas sino de las noticias del *unomásuno*. Marta y Genaro querían que su hijo los-trataracomo-amigos. Cuando Rubén cumplió los trece, Genaro le regaló el *Satiricón* de Petronio y una suscripción a *Caballero*. Además le dio muy buenos tips para que se masturbara.

Marta y Genaro habían mandado a su hijo a escuelas activas con el objeto de librarlo de los métodos represivos que ellos habían padecido. Pero la enseñanza activa fue un perfecto tiro de bumerán. A los dieciséis años, Rubén estaba convencido de que nada era más importante que desobedecer a los mayores, tenía los conocimientos de un sexólogo (en el trópico activo ni una gorda como Trilce Sánchez llegó virgen a los quince) y era dueño de una palabra rellena de instrucciones: *autoafirmación:* más vale que te decidas de una vez porque tu destino empieza *ahora*. Adolescencia es currículum. Rubén no tenía por qué aceptar a las amigas de su mamá que lo fajoneaban y le decían "estás buenísimo", ni a los amigos fodongos de su papá (¡todos tenían senos más prominentes que sus amigas del colegio!). Rubén ya se había decidido: él era un amante del arte policiaco. Su cuarto estaba pintado de azul marino y una placa de sheriff colgaba sobre la cabecera. En la puerta corrediza del clóset tenía un póster de Police, donde los tres músicos aparecían sin camisas: músculos bronceados y sólidos.

Rubén hubiera preferido ser rubio, pero se conformaba con tener el pelo castaño, cortado con tal esmero que regresaba a la peluquería cada dos semanas para que sus mechones conservaran su aspecto de hojas de piña. Todas las mañanas iba al Parque Hundido en una patineta pintada de negro. El onduleante ejercicio le había dado a su cuerpo una firmeza semejante a la de Sting, el cantante de Police. Usaba lentes oscuros de policía de caminos; cuando se los quitaba, sus ojos tenían la mirada arrogante de quien sabe que es su propio canon de belleza. Rubén sólo se podía medir en la escala de Rubén. Si sus papás buscaban perderse en todo lo que tuviera que ver con *los otros* (la declaración del estado de sitio en un país balcánico le podía causar un derrame cerebral a

Genaro), él se sentía único, individual, un comisario en un mundo donde los demás son cuatreros. Marta y Genaro se horrorizaban al verlo llegar con esposas colgando del cinturón. Que su hijo se vistiera de azul marino (con calcetines blancos) les parecía tolerable, pero las esposas y la placa de sheriff eran francos destellos de fascismo. Genaro habló con él "como cuates", es decir, con groserías. Rubén le contestó que dejaría de usar lentes de patrullero si él dejaba de tomar el café exprés que le había convertido la boca en una ventosa amarillenta. Como Genaro se había propuesto ser generoso y Rubén egoísta, la discusión no pasó a mayores.

A través de Police, Rubén asoció la música con un estilo de vida. Police o el sonido de los individualistas que sólo establecen contacto de manera rotunda: la seducción o el trancazo para hacer a un lado a los que no valen la pena. *I'm lonely*, cantaba Sting, y decenas de miles de fanáticos coreaban "estoy solo", sabiendo que eso no era una mala noticia, sino un mérito. Aparte de Police le gustaban las películas donde los héroes se las arreglaban solos, sin tener que sesionar en comité.

La conducta de Rubén le dio a sus papás muchos motivos de autoescarnio: "hemos engendrado a un gángster" y otras quejas que hacían interesantes sus reuniones.

Rubén estaba en Yoko comprando el tercer disco de Police, cuando se enteró de que el trío iba a tocar en la ciudad de México en noviembre. El dueño de la tienda, que parecía el primo rubio de Pete Townshend, le dijo que los boletos valían 1 100 pesos. Zácatelas. ¿Qué podía hacer alguien de dieciséis años para conseguir esa fortuna? Después de pensar un buen rato, Rubén descubrió una razón suficientemente alivianada para que su papá le diera el dinero: inventó que tenía que pagarle el ginecólogo a su novia. Su papá lo miró con la solidaridad de un mánager que confía en su cuarto bateador y le dio el dinero.

Durante semanas sólo habló de Police con sus amigos. El día del concierto todos habían dormido mal por la emoción. Como en la ciudad de México no hay ramblas, ni *pubs*, ni cafés sobre la banqueta, se reunieron en el mundo lila, amarillo y naranja de un Denny's. Estuvieron media hora chupando malteadas y tarareando *De Do Do Do, De Da Da Da*.

Luego cruzaron al Hotel de México, un monumento al vacío, miles de cuartos que jamás serían concluidos. Y tal vez era mejor así, pues si los cuartos quedaban como el vestíbulo, la cursilería no tendría límites. Rubén se quedó pasmado al ver un Partenón de huesos de aceitunas y un ajedrez monumental que simbolizaba la lucha entre capitalismo y socialismo.

Las amigas de Rubén iban de negro y movían sus piernas delgadas con premura. Por fin llegaron a un local que parecía decorado para un banquete del Club de Leones: manteles sobre las mesas, corbatas de moño en los cuellos de los meseros, cortinas que brillaban en tonos violáceos.

La espera fue insoportable: los meseros trataban de vender botellas de ron con tal insistencia que Rubén se vio obligado a soltar un rodillazo que aunque no dio en el blanco lo libró del acoso durante unos veinte minutos. Después llegaron otros meseros que parecían dispuestos a que les fracturaran las quijadas a cambio de vender una botella.

Finalmente las luces se apagaron. Copeland, Sting y Summers lanzaron un latigazo de sonido y el público se dio cuenta de que las sillas no servían para nada y que había que bailar sobre las mesas. Sting se convirtió de inmediato en la clave del espectáculo, él decidía la suerte de ese público al que tenía tomado por las solapas.

En medio de la música, Rubén pensó en sus papás abrumados por la mariguana, los problemas del país, el scratch en los discos de Chuck Berry, abrumados durante décadas sin hacer algo más que prepararse otro cafecito. Le dieron ganas de quemar las barbas de su papá y las camisas huicholes de su mamá, pero por el momento prefirió bailar abrazado a sus amigos, hundiéndose en las aguas de Police hasta que los músicos desaparecieron tras los amplificadores y el público volvió a salir a la superficie:

—¡Police, Police, Police! —la gente pedía más música.

Rubén se unió al griterío con entusiasmo, seguro de que su momento de gloria había llegado: sobre una mesa, con esposas al cinto, los chavos de la escuela activa llamaron a la policía.

1981

A José Xavier Navar

TODO ERA COMO EN EL AÑO 10-CONEJO.
1502: los aztecas vivían de rentas que no habían hecho nada para merecer. Quienes se batieron contra los furiosos tepanecas, quienes sometieron a punta de obsidiana a los señores de Chalco, Tacuba y Xochimilco, ya habían entregado el equipo al dios Huitzilopochtli. La nueva generación se dedicaba a convertir las victorias del pasado en sabrosas salsas de pipián.
1981: los mexicanos tenían petróleo. Pero de esto no se hablaba tanto. El verdadero orgullo nacional se debía a Hugo Sánchez, Fernando Valenzuela y el pandita. ¿Cómo dudar de una nación dueña del delantero que ejecutaba acrobáticas tijeras en el estadio Manzanares, del pítcher que giraba en el montículo para lograr otro *out* para los

Dodgers de Los Ángeles y del osito que por primera vez nacía fuera de China?

A Güicho le había ido bien ese año: llevaba cuatro viajes a San Antonio para comprar discos. Su departamento en la colonia Roma era un búnker cultural de los ochenta, todo discos de rock, libros de ciencia ficción y videos de terror. Desde chiquito, Güicho había sido un coleccionista compulsivo: de las estampas del pan Bimbo pasó a los coches a escala, de ahí a las pipas y luego a su triple colección actual. Eso sí, estaba orgulloso de no haber caído nunca en el pegajoso lugar común de los coleccionistas: la filatelia.

Sus domingos empezaban con un maratón a la medida de su tiempo: 42 vueltas a la manzana. Se bañaba durante una hora con agua hirviendo hasta que sus dedos se parecían a los de sus monstruos favoritos. A las ocho de la mañana ya estaba grabando casetes. Si Hugh Hefner era, con sus doce Pepsicolas diarias, el campeón de los consumidores norteamericanos, Güicho no se quedaba atrás con sus dieciocho Chaparritas. Esta cuota iba acompañada de jamones Wongs y otras golosinas que hubieran vuelto diabético a un atleta.

Pero Güicho tenía su propia fórmula para que no le subiera el colesterol: cada semana veía una docena de películas, iba a cinco tocadas de rock nacional, visitaba a una novia en Tepepan y a otra en los Indios Verdes, clasificaba artículos para salvarle al mundo datos tan relevantes como los hábitos higiénicos de los zombies, leía tantos libros de ciencia ficción que soñaba con calamares intergalácticos, consumía y acumulaba como una rata almizclera, ya ni la cama estaba libre de objetos (lo bueno es que una de sus novias era aeromoza y siempre estaba tan mareada por los cambios de horario que se sometía al desorden como a las turbulencias en los aviones, y la otra una gimnasta obsesionada en demostrarle que lo podían hacer sobre la videocasetera). Por si fuera poco, Güicho trabajaba en una compañía de discos. Desde la era paleolítica en que el grupo Them asaltó el cielo del rock con *Gloria*, él pensaba en grabar a los conjuntos nacionales. Su acelerado corazón estaba de parte de los débiles. En futbol le iba al Atlas, que llevaba mucho sin justificar su apodo de Niños Catedráticos; en béisbol, a los Sultanes de Monterrey.

Durante años trató de incluir a grupos mexicanos en el catálogo de la compañía, pero la simple mención de sus nombres espantó a los otros ejecutivos (que por su edad hubieran podido formar parte del buró político de la URSS): El Queso Cósmico, Las Piyamas del Ritmo, No hay Fijón y Caballero Águila. Pero él insistía con la misma constancia con que daba cuenta de las papitas adobadas sobre su escritorio. Además, cada vez había un clima más favorable para los productos vernáculos. Si Valenzuela había ponchado a los bateadores más fornidos de Estados Unidos y Hugo Sánchez remataba entre las prominentes espinillas del Barcelona, ¿por qué no iba un grupo mexicano a conquistar el mundo?

—¡Increíble! —el grito de Güicho hizo temblar la jarra de agua en el consejo de ejecutivos.

Le habían dado luz verde.

Convertido en cazador de talentos, invirtió cuatro mil calorías diarias en encontrar al grupo ideal. Fue a los hoyos fonquis, donde los camiones de la calle se oían mejor que el grupo en el escenario. En el conservatorio discutió con los flautistas; cuando les dijo que pasaran de Bach a Jethro Tull, se tuvo que proteger de los flautazos con el estuche de un contrabajo que alguien olvidó providencialmente. Puso un anuncio en el periódico para reclutar músicos, con requisitos tan ambiciosos que parecía un intento de reunir a los Beatles. Finalmente tuvo que seleccionar a los músicos menos malos de los grupos ya formados. Escogió el nombre de Tláloc para el nuevo conjunto, pensando que la música debía ser fiel a las raíces mexicanas. Tuvo que convencer al baterista vegetariano de que comiera carne para pegarle con fuerza a los tambores, arregló un divorcio al vapor en Tijuana para el requinto acusado de bigamia, le pagó la renta al bajo y le puso frenos a los voluntariosos dientes del acompañamiento. El mayor problema de Tláloc eran sus letras, auténticos ejercicios de inocencia gramatical. Güicho decidió convertirse en letrista, pero no le alcanzaba el tiempo. Faltaban cinco días para la grabación del disco cuando la novia aeromoza regresó de un ajetreado viaje a Nueva York y decidió hacer con él lo que otra mujer hizo con Bocanegra: lo encerró en el departamento con una dotación suficiente de botanitas. En su búsqueda de letras, Güicho había comprado algunos libros de poesía. Estuvo tres días mezclando versos. Este ejercicio de *ars combinatoria* lo llevó a un curioso instante del idioma: de repente, caídas de la estratósfera poética, surgieron buenas letras de rock en español. Para la portada se permitió un gusto personal: un monstruo que no tenía nada que ver con la música, pero era tan espeluznante que atraería compradores. Y, en efecto, el disco fue un éxito.

Güicho se sentía el Brian Epstein del rock nacional cuando sufrió un conato de ataque al corazón. Su cuerpo estaba tan sobreacelerado como el motor de un Lotus Climax después del Gran Premio de Mónaco. Le tomaron una foto para la prensa donde aparecía con una sonda de suero en el antebrazo y audífonos en las orejas. El encabezado del reportaje era "El apóstol del rock mexicano", nada más justo para el hombre que sacó al rock del hoyo negro. Su lucha parecía un martirologio; ¿quién más hubiera sido capaz de oír las treinta tentativas de El Queso Cósmico?

En su honor, el segundo disco de Tláloc se llamó *Insuficiencia cardiaca*. Estaba a punto de someterse a un nuevo chequeo cuando un acontecimiento hizo que sus preocupaciones tomaran otro rumbo: en febrero de 1982 la moneda se devaluó y se devaluó y se devaluó.

Las esperanzas cifradas en Tláloc se habían

cumplido con creces: el implacable Waldo Lydecker los acababa de elogiar en *Rolling Stone*. Pero el destino del país dependía de algo más vulgar: el petróleo. Güicho se enteró con indignación de la caída de los precios petroleros y de la deuda pública en la que nadie había reparado antes (eran muchos los que podían recitar el récord de ponches de Valenzuela, pero ninguno parecía capaz de explicar cómo era que el país debía 90 000 000 000 de dólares). La historia había pasado de contrabando a un costado de Güicho. Las noticias siempre eran lejanas: Irán o Líbano. De pronto México estaba en el Cercano Oriente.

La compañía no estaba dispuesta a correr riesgos y Tláloc empezó a avanzar por curvas peligrosas. Una letra de Güicho, *Blues del sacadólares*, los llevó al desfiladero.

En sus recorridos de Tepepan a Indios Verdes, veía la ontológica propaganda de un brandy: "Por el placer de ser". Nada más absurdo en la república malbaratada.

Su novia gimnasta lo convenció de que fueran de excursión al Popo. La salud de Güicho no estaba para escenas tibetanas, así es que no pasaron del primer refugio. En el delgado aire de los volcanes se olvidó de algunas preocupaciones. Entretanto, el dios Tláloc se encarnizó con la ciudad: llovió tanto que los Volkswagen flotaron en el Periférico. Güicho pensó que se trataba de una legítima venganza.

Al regresar a su departamento vio sus colecciones; por primera vez le parecieron inanimadas. No es que antes sintiera que las portadas le hablaban como a un probable san Juan de la Cruz (¡su apostolado tenía límites!), pero antes los objetos tenían utilidad, giraban como planetas en torno a un sol maniático.

En eso estaba cuando encontró un casete envuelto en papel de estraza, el último envío de El Queso Cósmico.

A pesar de que tener planes se había vuelto un lujo, el casete lo entusiasmó como si pudiera contratar al grupo. Se quedó dormido a las tres de la mañana, la música girando en sus audífonos.

Al día siguiente despertó imbuido de una energía especial. Llegó a la compañía y se dirigió al consejo de ejecutivos. Sabía que sólo un milagro haría que Tláloc volviera al catálogo de la empresa, pero estaba acostumbrado a luchar en minoría. Puso sus manos sobre la jarra de agua y el lí-

quido se transformó, no en vino, sino en algo
incierto que podía ser aceite de motor o el agua
de una pecera con seis meses de uso. A fin de
cuentas se trataba de un milagro (o truco, según
un ejecutivo racionalista) a la altura de la época.
De cualquier forma, Güicho logró que se le quedaran viendo.

Después empezó a hablar.

1982

Roy y Malú tenían espíritu de empresa. A los dieciocho años, él puso un "taller de pintura" donde los clientes tenían oportunidad de que la casualidad les brindara una obra maestra. Roy colocaba un papel sobre un disco giratorio y el artista se limitaba a rociar pintura. Transcurrían los años sesenta y la idea de ser artista durante diez segundos tuvo tanto éxito que en el taller se usaron más pinturas que en los murales de Ciudad Universitaria. Los colores caían en chisguetazos, gotas, coágulos; en ocasiones, el disco giratorio le daba una dignidad psicodélica a aquellas plastas.

Fue precisamente en el taller donde Roy conoció a Malú, quien tuvo la originalidad de depositar una sola gota roja sobre el papel, creando una ebria bandera japonesa. Él le rozó la mano al darle el cambio con sus dedos coloridos. Ella regresó muchas veces a recibir esas caricias.

Al cabo de un año la unión de Roy y Malú era indeleble. Lo que no iba tan bien era la salud de Roy: había respirado toxinas suficientes para alaciarle el pelo a Jimi Hendrix.

Malú lo convenció de que abrieran un negocio que tuviera que ver con el Oriente. Ya los Beatles habían trasladado sus melenas hasta la barba inmensamente gris del Maharishi Mahesh y las canciones de moda estaban confitadas con cítaras. John McLaughlin y Carlos Santana habían conocido a Sri Chinmoy, el gurú de las estrellas, y Pete Townshend a Meher Baba, karma de la competencia.

Si un ex mariachi de Autlán, Jalisco, había logrado llamarse Devadip Santana, ¿por qué no habrían ellos de sacarle provecho al Oriente? A principios de los setenta empezaban a aparecer hari-krishnas en la ciudad de México y Malú los consideró clientes potenciales (a pesar del rumor de que eran agentes de la CIA). Roy, en cambio, estaba seguro de que limosneros tan notables jamás serían buena clientela. Malú le explicó la diferencia entre mendigo y *renunciante*, lo abrumó con citas de una versión sintetizada de las *Upanishads*, un manual de Hatha Yoga y *Ladera este*, de Octavio Paz, el cielo provisional donde la diosa Kali le daba sus cuatro brazos al dios tutelar Huitzilopochtli; y sólo se detuvo cuando la aeromoza de Air India le cubrió la cara con una toallita caliente. Durante dos meses deambularon por las andrajosas maravillas de la India. Mientras Malú visitaba templos flotantes, Roy se dedicaba a la fayuca trascendental: compró todo lo que tenía aspecto de talismán. Estaba preparado para sobornar al primer agente aduanal que se sorprendiera de verlo llegar con cinco cítaras. Pero Malú se puso una blusa anaranjada en la que sus senos bronceados se transparentaban y el agente no tuvo ojos para cítaras.

A los pocos días abrieron la tienda *Om*. Roy tenía pensado recibir a la clientela de turbante, pero cayó fulminado por un virus asiático. Cuando salió del hospital se encontró con que *Om* se había transformado bíblicamente en *El Tercer Día*, que fue cuando Yavé creó las plantas. Malú le explicó que la mercancía oriental se había agotado y que los productos naturistas se vendían mejor.

Roy y Malú se vieron favorecidos por la olímpica ambición de los setenta: estar en forma. Los clientes llegaban trotando en tenis mullidos. En vez de la foto de un raquítico gurú, Malú puso en la pared a Jane Fonda, la reina de los aerobics. Pronto pudieron abrir una "boutique vegetariana" en Polanco. Vendían los mismos productos, pero envueltos en celofanes de colores (nostalgias del lejano taller de pintura).

Vender pan integral era buen negocio. También era aburridísimo. Roy empezó a buscar algo más movido. Se dio cuenta de que los clientes que en las mañanas sólo pensaban en hacer ejercicio, en las noches se interesaban por los pobres. Todo mundo parecía haber leído a Carlos Fuentes: los juniors descubrían a los otros, los caifanes, la broza, los nacos, los que no le debían nada a Felipe II, los del ADN nativo, los mexicanos. Los universitarios se sentían iconoclastas y proclamaban: "¡La salsa es cultura!"; bailar en el Riviere o el bar León era algo novedoso y auténtico a la vez, un viaje al otro México, ¡una experiencia intrahistórica! A Roy le parecía absurda esa moda de desclasarse, de ser pobre durante cinco cubas. Nada más ajeno a él que las canciones que hablaban del trópico, ese horno con cucarachas. ¡Pero qué ganas tenía la clase media de ser aborigen! Los zapatos Florsheim trazaban alocados arabescos al compás de *La bemba colorá*.

Roy pensó en un nuevo mimetismo que pudiera atraer a las ansiosas polillas de la clase media. Se tardó dos años en conseguir la licencia para vender licores. Por fin, en 1982, pudo abrir un bar en Tizapán, El Estoperol. Contrató a los grupos más estruendosos del rock nacional y a los actores más morenos que encontró. Los disfrazó con harapos y les pidió a los actores que se mezclaran entre el público y se golpearan de cuando en cuando.

En un mes la fama de El Estoperol era tan grande que sólo se entraba con reservación. En los pasillos de Filosofía y Letras se hablaba del arte proletario, de las madrizas que se escenificaban al compás de un rock demoledor. Roy consiguió a varios dobles en los estudios Churubusco y logró efectos en verdad especiales: un buscapleitos salió envuelto en llamas y otro se estrelló en un tope suicida contra el estante de las botellas.

El público se empezó a disfrazar para ir al bar. Las tarjetas de crédito salían de bolsillos raídos.

Abundaba la mezclilla, y los verdaderos iniciados llevaban una estopa en la bolsa trasera del pantalón.

El 31 de agosto la función se prolongó indefinidamente, al otro día nadie tenía trabajo y el elenco de El Estoperol estaba de veras inspirado, sobre todo porque Beto le pegó a Julio (que le había quitado la novia) con una rudeza excesiva, Julio golpeó a un amigo de Beto que estaba entre el público y así se desarrolló una batalla campal que no hubiera montado ni el más aguerrido director del *off-off Broadway*. La clientela había esperado con ansias esa oportunidad de participar en la representación de los golpes.

El día siguiente los sorprendió jugando al mecano de la pobreza. Roy preparó un caldo y sacó vendas.

El último cliente trastabilleó rumbo a la calle a eso de las doce del día. Roy se quedó a barrer el polvo. Malú llegó unas horas después.

—¡Nacionalizaron la banca! —gritó por todo saludo.

Los ojos le brillaron a Roy. Su mente empezó a trabajar como siempre que se enfrentaba a un negocio de ocasión. Sí, invertiría sus últimos dólares en miles de banderas; Taiwán tardaba un par de días en surtirlas; si no había mexicanas, le podían mandar italianas, total, el águila no se ve desde Palacio Nacional. Las vendería al doble en las manifestaciones de apoyo a la nacionalización.

—Voy a hacer un negociazo —le dijo a Malú, que lo miraba sin entender sus ojos brillosos por la desvelada y el entusiasmo.

Y en verdad lo hizo.

1983

Las hermanas Uribe eran tan distintas como sus nombres: Concepción y Magali.

Concepción usaba pantuflas de peluche, el fondo se le asomaba bajo la falda y tenía los ojos apagados de quien ha leído veinte veces seguidas el Pentateuco.

Magali desayunaba dos aspirinas con café negro. Sus abortos superaban en número a los pretendientes de Concepción.

Y lo que son las cosas: Concepción era más bonita que Magali, pero sus rasgos pálidos y su mirada ausente hacían pensar en la santidad o en el suplicio: la belleza sufrida que tanto atrae a santos y vampiros. Concepción moriría virgen o descuartizada.

En contraste con el semblante evaporado de su

hermana, Magali tenía una sangre bulliciosa, un cuerpo que era un dechado de redondeces, un pequeño lunar sobre la boca y el labio superior ligeramente alzado, como si estuviera besando una burbuja. Era imposible verla sin pensar en las múltiples y deliciosas aplicaciones de esa boca.

La educación católica de las Uribe fue tan severa que las primeras fantasías eróticas de Magali emanaron de la religión. En las paredes de la casa había cuadros de santos que parecían gozar con la tortura: ojos pulidos por el placer del sufrimiento. Éxtasis. Raptos místicos. Agonías. Dicha. Transfiguraciones. Gestos de quienes están a unos latidos de la muerte o el orgasmo.

Pero estas imágenes no eran nada en comparación con las historias que les contaba su mamá de cierta santa, bellísima, que se clavaba espinas en los senos y bañaba con su sangre a un Cristo de tamaño natural. La mamá hablaba con deleite del martirio de la santa, del hermoso cuerpo cubierto de pústulas. Sus historias eran la función de medianoche de la religión.

El papá de Magali era más aburrido. Le gustaba hablar del cordero pascual y su acto más heroico se remontaba a los años sesenta: pegó en una pared de la calle una etiqueta de "Cristianismo sí, comunismo no". Tenía una espada de Caballero de Colón que jamás había blandido contra jacobino alguno.

Concepción parecía haber salido de un cuadro de la casa. Sus manos delgadas le quitaban el polvo al crucifijo con el que Magali pensaba en masturbarse. Pero esta blasfemia no fue necesaria: Magali acababa de cumplir dieciséis años cuando Tacho la invitó al cine Manacar. A ella no le sorprendió mucho que dejaran el cine a un lado y siguieran por Insurgentes hasta un motel en la salida a Cuernavaca.

Durante la preparatoria, Magali se acostumbró a llevar una existencia doble. Salía a la calle vestida como la esposa de un cuáquero. Lo único extraño era que en vez de bolsa usaba maletín. De su casa iba a la de Susi. Ahí abría el maletín y las ropas salían en muchos colores. También se quitaba su brasier acorazado.

La casa de los Uribe era una amurallada ciudad de Dios. Sin embargo, no estaba en el Sinaí sino justo en el centro de Ciudad Satélite, ese purgatorio con discotecas.

A pesar de la renuencia de sus papás para dejarla salir en las noches, Magali se las ingenió para conocer todas las discotecas y los videobares del norte de la ciudad. Siempre decía que iba a estudiar a casa de Susi. A juzgar por las desveladas, debía ser la mejor alumna del salón. A fin de año se tuvo que acostar con tres maestros para justificar sus buenas calificaciones.

Cuando la invitaron a una fiesta de disfraces, decidió unir sus vidas paralelas: se disfrazó de monja apetitosa: cofia y minifalda. Salió de la fiesta con un amigo disfrazado del capitán Nemo. El viento se hizo cargo de las piernas de Magali; al llegar al coche temblaba en tal forma que el capitán empezó ofreciéndole su saco y acabó quitándole el vestido. En eso estaban cuando una camioneta de policía se detuvo junto a ellos. El incidente podía significar poco en otros lados, pero en el Estado de México equivalía a la llegada de una división nazi al gueto de Varsovia. El primer golpe rompió el parabrisas. Los cristales reventaron en esquirlas sobre los cuerpos semidesnudos. Nemo fue noqueado con la cacha de una pistola. Lo arrastraron de un pie; su cabeza golpeó con el estribo del coche; un ruido sordo, laminoso. Lo pusieron de pie. Las barbas postizas se le habían pegado absurdamente en el pecho. Magali vio el picahielo. Había algo equívoco, una humillación adicional en esa arma de asesino de barrio. No pudo contar las puñaladas que recibía su amigo. Un policía la golpeó con tal fuerza que la sangre se mezcló con las lágrimas; un velo pastoso le impidió distinguir a los sucesivos violadores. Otro golpe le hizo perder el conocimiento. Despertó de madrugada, envuelta por un olor agrio que la hizo vomitar sobre el asiento. En el pelo se le habían formado coágulos de sangre. De su amigo sólo quedaban las barbas sobre el asfalto.

Estuvo una semana en cama. El médico de la familia, que siempre hablaba del *asesino* húngaro que inventó la píldora anticonceptiva, auscultó a Magali y más que por sus golpes se alarmó de que no fuera virgen al ocurrir el asalto. Los papás cancelaron cualquier tentativa de hacer una denuncia. En cuanto su hija sanó, la mandaron de interna a San Luis Potosí. O trataron de mandarla, pues ella se bajó del camión en Querétaro y regresó a la capital.

Para esas alturas, Susi era amante de un millonario que había recorrido todos los atajos del aliviane (psicoanálisis lacaniano, retiros de meditación en haciendas de cinco estrellas, dietas energéticas y mariguana en dosis moderadas). El arquitecto Vallarta había pasado de los viajes para esquiar en Vail a los viajes de "exploración interior" en Nepal (por alguna extraña razón su interior quedaba a veinticuatro horas de avión). Siempre en busca del bálsamo que le quitara la mala conciencia de su yate en Acapulco, patrocinaba todo tipo de accidentes culturales, desde una obra donde los actores salían de células y leucocitos hasta una exposición de cajas de jabón Don Máximo que alguien le vendió como arte conceptual.

Magali no podía regresar a su casa sin un concilio del Vaticano de por medio, así es que fue a ver a Susi. Vallarta encontró un nuevo motivo de expiación: no sólo le prestó a Magali una casa en San Pedro de los Pinos, sino que le encontró vocación para el canto (el arquitecto acababa de regresar de un "curso motivacional" en Nebraska que le reveló las insospechadas potencialidades de sus semejantes).

La casa de San Pedro de los Pinos había sido habitada por un artista cinético apoyado por Vallarta. En vez de ventanas había remolinos de luz.

En esa vacilante atmósfera, Magali escuchó por primera vez a Madonna. Finalizaba el 83 y los locutores de radio no hacían sino hablar del ombligo de Madonna, del estómago redondito que se movía al compás de *Burning Up*. Magali se entusiasmó con esa rocanrolera voluptuosa que había escogido como símbolo nada menos que ¡el crucifijo!; era el primer caso de cachondería católica en la música de rock. En vez de collar, Madonna usaba un rosario color turquesa. De repente Magali se dio cuenta de lo chic que podían ser todos los escapularios de su infancia. Se compró un collar de perlas de plástico rosa, guantes negros, una blusa semitransparente de encajes y aretes en forma de cruz. No le costó trabajo convencer al amante de Susi de que le patrocinara la grabación de un disco.

Llegó al estudio masticando chicle. Cantó con pasión, con una voz dolida y áspera que tenía más que ver con su infancia solitaria y sus treinta amantes gandayas que con las clases de canto que le pagó Vallarta. Al cabo de treintaiséis horas quedó concluida la grabación de *Madona de Guadalupe*.

Gracias a sus conocimientos de religión, Magali

pudo escribir letras de una mocha sensualidad. Se tiñó el pelo de un color incierto, como champaña con granadina, y contrató a los cuatro músicos más parecidos a Juan Diego.

Aunque las estaciones de radio se negaron a transmitir su espasmódica voz guadalupana, Magali pronto tuvo un extenso séquito de admiradores. La gente llegaba a sus conciertos con crucifijos de todos tamaños. Al promediar la función, los cuatro músicos se arrodillaban y acariciaban a la seductora madona de Guadalupe. Al fondo del escenario había una gigantesca cruz de neón. Magali se despedía arrojando hostias multicolores sobre sus fieles.

El 31 de diciembre decidió dar un concierto en la explanada de la Basílica de Guadalupe, al mismo tiempo que se celebraba la misa de gallo. Sus senos sin brasier se balancearon frente a tres mil fanáticos.

Magali había sido elogiada por todas las publicaciones a la izquierda del *Excélsior* y por algunos teólogos de la liberación, pero también había recibido amenazas dignas del Santo Oficio. El concierto tenía el atractivo de la incertidumbre, de la catástrofe a punto de ocurrir. Para protegerse de posibles ataques, la cantante había contratado a una nueva versión de los templarios: veinte devotos karatecas.

Magali fue acariciada por sus músicos, pero la policía llegó antes de que repartiera hostias multicolores. Ella no se dejó amedrentar. Con la misma pasión que inyectaba en sus canciones, azuzó a la multitud a lanzarse contra la policía. Los karatecas formaron un cordón en torno al escenario mientras los tres mil feligreses se enfrentaban a puño limpio contra las macanas y los gases lacrimógenos. Después de dos horas de encarnizada trifulca, la policía quedó reducida a un montón de bultos y gorras azules.

El coche de Magali llegó junto al escenario; las cruces fosforescentes en las puertas parecían brillar más que nunca.

Antes de subir al auto, vio a un policía tirado cerca del escenario. Caminó despacio hasta el cuerpo desmayado. Su zapato rojo se posó con suavidad sobre la nariz del policía. Luego la trituró de un pisotón. Magali escuchó el agradable crujido del cartílago. Después continuó rumbo al coche. El viento fresco le agitaba el pelo y los escapularios.

1984

A Alberto Blanco

Rodolfo nació en Sonora, en las convexas arenas de Altar. Su papá tenía un motel en la encrucijada de dos carreteras. Cada tercer día les llevaban agua Electropura; el camionero, de cara angulosa y barba espesa, iba acompañado de su hija Adela, que en el trajinar del desierto se convirtió en una niña de mejillas encendidas y pelo empapado de sudor sobre las sienes. Era gritona y caprichosa. Tenía muchos juguetes de contrabando.

El papá de Adela se quitaba la camisa de mezclilla, mostrando una cicatriz en forma de cola de alacrán en la espalda, y empezaba a descargar los botellones de agua. Al cabo de media hora su espalda estaba llena de gotitas de sudor y la cicatriz brillaba como una cuchillada de sol. Rodolfo se ponía a pensar en la electricidad que había vuelto pura toda esa agua mientras Adela hacía mohínes y se burlaba de él.

En una ocasión Adela llevó una grabadora. Habían llegado tarde porque se les ponchó una llanta en el camino: el cielo ardía en una última nube cárdena. Ya no hacía tanto calor y pudieron poner la grabadora en el suelo sin peligro de que se estropeara. La música surgió en borbotones.

—¡Son los Beatles! —gritó Adela, y Rodolfo sintió un escalofrío en la nuca.

Hasta entonces sólo había tenido un ideal: salir del desierto para convertirse en el tercera base de los Orioles de Baltimore. Su papá era un fanático delirante del béisbol, incluso había grabado transmisiones de radio de las series mundiales. Todas las noches se sentaba en el porche, bajo el anuncio de neón que seguía latiendo sólo por narcisismo, pues no había quien lo mirara, y ponía sus grabaciones de béisbol. El viento llevaba las voces febriles de los locutores hasta muy lejos, y Adela juraba haberlas escuchado en el distante pueblo de Quemada.

Cuando había plaga de langostas, Rodolfo se lanzaba al porche con una escoba encendida y la emprendía contra los insectos. Un bateador conectando flamigeraciones. Era lo más cerca que había estado de las grandes ligas.

Sin embargo, después de oír a los Beatles, dejó de pensar en la revirada perfecta y se puso a cantar con el ukelele que un cliente olvidó en el cuarto 22. Le pidió a los traileros que paraban en el motel que le trajeran discos de rock.

Una tarde le interpretó a Adela su primera composición: *Armadillo en la autopista.*

—Tienes la nariz llena de mocos —le dijo Adela.

—Yo me oigo bien.

—Tienes las orejas llenas de mocos.

A pesar de las críticas de Adela, siguió reventando las cuerdas del ukelele hasta que cumplió quince años y sus papás decidieron enviarlo a estudiar la preparatoria a la ciudad de México.

Para Rodolfo, el sur había sido hasta entonces el espejismo en el que terminaba la autopista: el aire vibrando por el calor allá en el horizonte, una ilusión acuosa, lo lejos donde el desierto se evapora.

Vio el pardo destello de un correcaminos. Pasó junto a la titánica fábrica de *corn flakes* en Querétaro. Sintió la luz velada del altiplano.

Había empacado el ukelele entre dos pantalones de mezclilla. Cuando se le ocurrió cantar en la casa de huéspedes, recibió tantos reproches que los de Adela casi le parecieron un estímulo. Sus compañeros de vivienda se empeñaron en demostrarle que se podía ser gangoso sin ser Bob Dylan. Por más que el rock de los setenta se abismara en lo moderno, nadie estaba dispuesto a escuchar una voz salida de un interfón.

Rodolfo llegó a México a inscribirse en la preparatoria, pero sus compañeros de la casa de huéspedes le dijeron que el CCH era *más abierto*. Este argumento era tan débil, que no volvió a pensar en el CCH. Sin embargo, una tarde en que jugaba boliche vio a una muchacha que hizo que su pelota se desviara humillante hacia el canal: el pelo castaño le caía sobre los hombros como en una imagen prerrafaelita, llevaba una gargantilla de semillas, camisa tzotzil de dieciséis colores subidos, entalladísimos pantalones de mezclilla y zuecos que la hacían caminar como si fuera sobre las aguas. Un morral hinchado de libros inclinaba su cuerpo ligeramente.

—Ella va en el CCH —le dijo uno de sus amigos.

Rodolfo se sopló el talco de las manos y tras la nubecilla blanca volvió a ver la figura que lo haría inscribirse al CCH.

La escuela no resultó el reino de bellezas deslavadas que él habría deseado, pero al menos le descubrió una vocación artística en la que no importaba ser gangoso. En una clase que parecía destinada a producir ingenieros de la escritura (Taller de Redacción e Investigación Documental I) recibió la encomienda de leer *De perfil*, de José Agustín. Entonces se dio cuenta de que en México los escritores habían tratado de sustituir a los rocanroleros. En Inglaterra no había un Ray Davies de la escritura porque ahí estaban los Kinks para dar cuenta de la mitología juvenil. En México, trescientas páginas de irreverencia equivalían a un concierto en un estadio.

Pero Rodolfo no sabía de qué escribir. Lo único que conocía de primera mano era el desierto de Sonora, un tema muy poco *groovy*. Después de leer a Martha Harnecker, el asunto se complicó aún más. Rodolfo le puso buró político a su imaginación.

Empezó a pensar en la literatura como una lucha de los malos contra los buenos: de un lado estaba el pítcher que mascaba tabaco y entrecerraba el ojo avieso de su certera puntería; del otro, el cuarto bat de los caireles rubios y las bardas voladas.

En las tardes se reunía con sus amigos a comer las épicas tortas de don Polo y a hablar de sus problemas de escritor en ciernes. Citaba a Lukács con acento norteño y se refería a la novela como quien describe un sistema de bombeo hidráulico.

Estaba a punto de iniciar la epopeya *Lignito, tres generaciones de mineros sonorenses*, cuando descubrió el nuevo periodismo norteamericano. Norman Mailer, Tom Wolfe y Gore Vidal le revelaron que se podía escribir de temas sociales sin condenar al lector a trabajos forzados.

Sin embargo, aún había una caseta de cobro en su itinerario intelectual. Mailer y compañía escribían de asuntos y hombres famosos: la guerra de Vietnam, el clan Kennedy, Frank Sinatra, Marilyn Monroe, el emporio de *Playboy*. Al salir del CCH, Rodolfo necesitaba un ayatola, un jefe de la Junta Militar, una actriz de escándalo, un boxeador de peso completo, alguien famoso a quien entrevistar. Pero en México las celebridades eran desconocidas. Entonces volvió la vista al otro extremo, a la inagotable reserva de marginados que tenía el país.

Empezó a escribir en los periódicos crónicas imaginarias. El más fresa de sus personajes era adicto al cemento. Cholos, escupefuegos, danzantes indígenas, merolicos, faquires y chavos banda integraron su resentida galería. La rata, el perro famélico, el chancro y la mirada estrábica aparecieron con la misma puntualidad que los Gitanes en los cuentos de Cortázar.

Un productor se dio cuenta de su habilidad para convertir la roña en arte y lo invitó a hacer una serie de televisión sobre los Panchitos, la única pandilla que había logrado ser noticia a punta de madrazos.

En 1984 no había nadie que no hablara de las persecutorias pesadillas de George Orwell. Rodolfo celebró el año de Orwell con la publicación de *Yo, Panchito,* un libro desgarrador, crudo, apocalíptico, o sea, exitoso. El triunfo sólo se vio empañado por una nota del reaccionario Roque Jiménez, titulada *Mamá, soy Panchito.*

De Sonora recibía noticias esporádicas; no era mucho lo que podía suceder en la cuenca requemada en la que había nacido. Las cartas de su papá constaban de una cuartilla dedicada a los chismes del motel y tres cuartillas a un robo de base de los Medias Rojas. Adela le mandó una carta llena de faltas de ortografía para informarle de su tercer matrimonio, esta vez con el sultán de los tomates de Sinaloa. La verdad es que a él le interesaban poco estas noticias salidas de la borrosa tierra del pasado.

Tampoco quería saber nada de su primer amor artístico, el rock. Culture Club, Men at Work, Tears for Fears, Spandau Ballet y otros grupos de moda le parecían demasiado sutiles, blandengues, sofisticados. Él no se andaba con tiquismiquis.

Una mañana el teléfono lo despertó a eso de las seis. Una voz grave le habló de la explosión en San Juan Ixhuatepec y le ofreció un jugoso anticipo por escribir un libro sobre el tema. La tragedia parecía hecha para las metáforas de Rodolfo. Toda una colonia removida por las llamas. Los estallidos en la refinería de Pemex y en la planta Unigás habían hecho que el aire ardiera como en el bombardeo de Dresde. De inmediato se le ocurrió reconstruir las vidas de algunas víctimas hasta unos segundos antes de la catástrofe.

Llegó al lugar cuando aún había unidades de médicos y voluntarios. Fue de los primeros en ver un peine derretido como el chicle de un titán, un guajolote aplastado en el piso, no más grueso que una calcomanía, un zapato calcinado, pelos adheridos a las paredes. Durante media hora caminó entre aquellos asteriscos del infierno.

Hizo entrevistas con los sobrevivientes y encontró que una de las declarantes era tía de Abundio Sánchez, el héroe de su libro *Yo, Panchito*. Pensó que esto le facilitaría la tarea, pero sucedió lo contrario. Abundio estaba harto de Rodolfo, harto de hablar de las ciudades perdidas para que otro cobrara en una ventanilla del Canal 13, harto de que le dieran tanta voz a los jodidos de siempre.

Abundio interrumpió la segunda entrevista de Rodolfo con su tía. Sus amenazas fueron tan convincentes como la navaja que tenía en la mano.

—Danos tregua. Deja de hacer ruido con nuestros huesos —dijo Abundio, y Rodolfo pensó que era el más neto haikú de los menesterosos, pero no se atrevió a apuntarlo. Ni a regresar a San Juan Ixhuatepec. Abundio le había puesto precio a su cabeza.

Y todavía le faltaba otro ajuste de cuentas. Uno de sus amigos, que siempre tenía la cara adormilada de quien ha comido muchas tortas, resultó ser un espía. Rodolfo jamás hubiera sospechado que esa plácida mirada pertenecía a un *defector* capaz de sacar una fotocopia de su estado de cuenta y de dársela a Roque Jiménez, que era como dársela a la CIA. Rodolfo no sólo era el autor más cercano a los marginados, también era el más rico de su generación. Roque publicó un artículo (para colmo, en un periódico de izquierda) en el que mostró insólitos conocimientos de economía política y lo acusó de viajar con gasolina prestada.

Durante varias semanas soñó con las amenazas de Abundio y las cifras citadas por Roque. Así estuvo hasta que decidió ir de vacaciones a Sonora. Aunque podía pagar el boleto de avión, decidió ir en autobús. Y esta vez su elección fue correcta. Las muchas horas en el desierto lo devolvieron a una época que creía sepultada.

Acurrucado en el asiento, se acordó de la niña colorada y caprichosa que acompañaba al hombre del agua Electropura, del motel en el cruce de dos autopistas que parecían ir a ninguna parte, del porche donde se oían las transmisiones de antiguos partidos de béisbol, del viento que llevaba las efímeras hazañas de los peloteros hasta muy lejos, del letrero de neón que parpadeaba en la noche metálica del desierto.

Al día siguiente tomó pluma y papel, y supo que ya no había más rodeos que dar: entrecerró los ojos, con la confianza del pítcher que se sabe a punto de lograr la revirada perfecta.

1985

La colonia era un ejemplo de imaginación adinerada. No había casa que no fuera posible. Un palacio versallesco, un castillo tudor, una mezquita y un chalet alpino podían compartir la misma cuadra. Las calles de losetas rosadas se extendían entre barrancas y arboledas. No había un solo cable de luz a la vista. Las puertas se abrían a control remoto desde los coches. Las sirvientas iban en sus uniformes cuadriculados a un centro comercial abastecido como el *duty-free* de un aeropuerto. El cielo era más limpio que en el resto de la ciudad.

Así estaban las cosas cuando un tráiler se detuvo frente a la fantasía mudéjar de los Habbib. En esos momentos Ricky iba llegando a su casa. Lo que vio le impresionó tanto que frenó el coche y bajó el volumen del autoestéreo. Algo inesperado había salido del tráiler.

En un par de horas la casa de los Habbib se volvió aún más alucinante: miles y miles de mosaicos desembocaban en un radar en la azotea. Ricky pensó en una base de telecomunicaciones con el Líbano.

A los pocos días apareció un radar sobre la casa de Chava Gutiérrez, que era estilo Barragán, es decir, una demostración de lo a gusto que se podía vivir en un *squash*. Chava le explicó a Ricky que ya no se necesitaba estar en la NASA para controlar satélites; un plato en la azotea bastaba para captar todos los programas de televisión que zumbaban por la biósfera.

Ricky tenía ojos suficientemente golosos para ver tres veces seguidas *Indiana Jones* y salir con ganas de jugar con su Atari. Por desgracia, su papá era un español enemigo de las novedades. Su sitio favorito era el alcázar de Segovia y su vehículo ideal un burro cargado de ánforas. En materia de música reconocía dos rubros: clásico (Julio Iglesias) y moderno (Mocedades). Su mayor obsesión era gastar el dinero sin resultados visibles. No se permitía otros lujos que los ultramarinos que guardaba bajo llave en el sótano y su colección de abrecartas de Toledo. Obviamente, Ricky sabía que iba a ser difícil convencerlo de que comprara la antena.

—Que no le hay —contestó a la primera insinuación.

Después dio razones más complejas: no quería que le arruinaran su fachada herreriana. Ricky lo miraba caminar por el patio con los pasos de un don Felipe en El Escorial, dispuesto a no ceder. La casa de Ricky fue la única que se sustrajo a la primavera de las antenas parabólicas. Mientras sus amigos veían cientos de canales extranjeros, él se tenía que conformar con la televisión local.

Su angustia se agravó cuando supo que el 13 de julio se transmitiría el concierto de *Live-Aid* desde Filadelfia y Londres: ¡dieciséis horas de rock en vivo!

Ricky era demasiado joven para conocer a todos los grupos que participarían (él escuchaba a los Beatles como quien oye a Cri-Crí), pero se entusiasmó con lo excesivo del concierto. Chava lo enteró de las minucias: Bob Geldof, cantante de los Boomtown Rats, había destinado seis meses de su vida a hablar. Sólo se calló cuando las luminarias del rock aceptaron participar en el concierto de beneficencia más importante de la historia. Quienes creían que el rock ya había producido todos los fenómenos de que era capaz, se sorprendieron ante la nueva faceta creada por Geldof: el filántropo de la alta tecnología. De pronto, asistir a un concierto en Filadelfia o Londres contribuía a que un árbol creciera en África. Por primera vez, los anunciantes de Fab pagaban para que un niño se salvara en Etiopía.

Los seis meses de Geldof requirieron más labor de convencimiento que la firma de los tratados de Potsdam. En el mismo lapso en que el cantante se enfrentó a los egos más potentes del rock, a los consorcios televisivos que desconfiaban de alguien empeñado en convertir las ganancias en leche y a los políticos de tres continentes, Ricky se abocó a una tarea ofensivamente modesta: convencer a su papá de que comprara la antena.

La terquedad de su papá era tal que Ricky se dio cuenta de que podían llegar los 13 de julio de todos los años sin que cambiara de opinión. Y ni modo de pedirle a uno de sus amigos que lo invitara a ver la tele. Francamente no se imaginaba tal ignominia; eso equivaldría a confesar que había hecho la primaria en escuela de gobierno. Una casa sin antena parabólica revelaba una aturdidora realidad: o sus habitantes eran ciegos o no tenían dinero.

Ricky odiaba tanto los gustos de su papá por las espaditas y el jamón serrano, que enfrentarse con él le pareció un acto de patriotismo. Su papá tenía un llavero con una pequeña cimitarra. Siempre lo llevaba consigo y no era de esos espíritus nerviosos que andan jugando con las llaves hasta que las pierden, ni de esos melancólicos que las olvidan dentro del coche. En su caso, un lapsus hubiera parecido un signo de sensibilidad. Como condenadas a la Isla del Diablo, las llaves veían la luz escasos segundos al día.

La noche del 5 de julio Ricky entró en la recámara de sus padres, que dormían en camas separadas: un bulto rollizo la de la madre, uno enérgico y compacto la del padre. Llevaba una linternita de acomodador de teatro y no le fue difícil encontrar los pantalones en la silla. Sacó las llaves, que temblaron angustiosamente, las envolvió en un pañuelo y salió de puntas.

Fue a la bóveda de los ultramarinos. Era la primera vez que entraba y se sintió en la bodega de la *Santa María*. Estuvo toda la noche acarreando jamones a su Renault Alliance. A las seis de la mañana fue a ver a Chava Gutiérrez. La casa de Chava se dividía en dos partes: el squash colonial donde vivía la familia y el squash squash. Ricky le pidió que le guardara los jamones. Chava estaba tan dormido que vio los bultos en la cancha con la naturalidad de quien ve unas raquetas olvidadas.

Dos horas más tarde el papá de Ricky aceptó negociar, y así, el 13 de julio él pudo ver al hiperquinético Phil Collins tocando en Londres y luego, Concorde mediante, en Filadelfia; a Led Zeppelin en su primera aparición desde la muerte de Bonzo Bomham; a Keith Richards convertido en un muñeco de utilería para la próxima película de Spielberg: una cara que ya no hace pensar en la droga sino en alguien que lleva meses viviendo en una casa con varillas de cobalto 60. Vio la violenta elegancia de David Bowie y a Mick Jagger desnudarse frente a Tina Turner.

Después de dieciséis horas ante la enciclopedia en movimiento del rock, Ricky apagó la tele. Trató de dormir pero siguió viendo, una y otra vez, imágenes del concierto intercaladas con escenas de mortandad en los desiertos de África. Fue al baño y tomó el primer Valium de su vida. Al día siguiente salió en el coche que seguía impregnado de olor a jamón serrano. Había visto tanta televisión que la realidad le pareció opaca, deslavada. Tal vez por eso manejó más rápido que de costumbre, como si la velocidad pudiera darle mayor relieve a los objetos. No quiso oír ninguno de sus casetes. Avanzó de prisa, tratando de modificar el contraste de lo que veía, de extraerle a la realidad colores reales, de poner el paisaje en sintonía.

Más allá de las rosadas baldosas de su colonia lo esperaba una ciudad sin límites precisos, la borrosa muchedumbre de los barrios. Le costó trabajo frenar en el primer semáforo. Su pie derecho sentía la caricia de la aceleración y sus labios murmuraban canciones de beneficencia para África. En el segundo semáforo pasó lo mismo, sólo que ahí fue abordado por una legión de vendedores y faquires. En unos segundos le ofrecieron mapas, conejitos vivos, lápices de un metro, monos de peluche, chicles, calaveras de plástico, hules de uso indefinido y macetas con cactus. Dos niños saltaron al cofre y rociaron espuma sobre el parabrisas. Un danzante azteca bailó entre los automóviles al tiempo que un payaso escupía fuego. La llamarada hizo vibrar el coche de Ricky. De pronto se sintió rodeado de rostros, como si su auto fuera el único abordable. Buscó en los bolsillos del pantalón unas monedas que lo pudieran librar del acoso. Sólo tenía una de las nuevas monedas de cinco pesos, tan pequeñita que parecía ofensivo darla de limosna. En la bolsa de su camisa encontró un billete de diez mil: el rostro de Cárdenas con fondo verde kriptonita. Siguió hurgando en sus bolsillos, abrió el cenicero donde solía guardar monedas y no encontró nada. Finalmente bajó la ventanilla unos centímetros y dejó caer la moneda, como quien la deposita en un buzón. El danzante se aventó por ella. Alguien pateó el coche, otro gritó algo indescifrable, los niños trataron de subir de nuevo al cofre, pero en eso se puso la luz verde y él arrancó de prisa.

Resopló. Se secó el sudor de la frente con un klínex.

A las pocas cuadras, el coche avanzaba rápido,

cada vez más rápido, bruñido y poderoso, per-diéndose en el vasto laberinto, y Ricky veía el cielo sucio y torturado por los cables con la desesperación de quien busca el desierto y sólo encuentra el polvo.

Índice

Mientras nos dure el veinte

Concierto grabado en vivo en el Museo Universitario del Chopo los días 4 y 5 de diciembre de 2014.

Toda la música fue compuesta y producida por Diego Herrera, excepto "El túnel del tiempo" (Federico Fong/Diego Herrera) y "Oda al aire" (Alfonso André/Javier Calderón).

Todos los textos son de Juan Villoro, excepto "Oda al aire", que es de Pablo Neruda.

Idea original: Chema Arreola, Rock & Libros

Diseño: Víctor Rojas

Alfonso André: batería
Javier Calderón: guitarra
Federico Fong: bajo
Diego Herrera: guitarra, teclados
Juan Villoro: voz

"Oda al aire", por cortesía de la Fundación Pablo Neruda

Ingeniero de grabación y sala: Jaime Oso Pavón
Ingeniero de mezcla: Juan Sosa Rosell
Asistente de grabación: Daniel Robledo
Masterización: Luis Herrera en MasterheadLab, Nueva York
Creación y proyección de imágenes: Juan Meza, Aurélien Perriaud y Fernando Alaniz
Asistentes de escenario: Francisco Olvera Gastón y Marco Reyes Castellanos

Agradecemos especialmente a Chema Arreola, Rock & Libros; José Luis Paredes Pacho, Museo Universitario del Chopo; Alfonso André, Federico Fong y Javier Calderón por su entrega y dedicación al proyecto; también a Luciana Herrera, Tania Sierra, Karla Zequinelli, Sergio Alcocer, Víctor Rojas, Submarino del Aire y a José Agustín.

Tiempo transcurrido. Crónicas imaginarias, de Juan Villoro,
se terminó de imprimir y encuadernar en noviembre de 2015
en Impresora y Encuadernadora Progreso, S. A. de C. V. (IEPSA),
Calzada San Lorenzo, 244; 09830 México, D. F.
El tiraje consta de 4 500 ejemplares.